平光雄

Taira mitsuo

道徳の話

子どもたちが身を乗り出して聞く

致知出版社

まえがき

家庭や学校での道徳教育の重要性が叫ばれている。

学校の道徳授業では、さまざまな資料を使ってさまざまな「徳目」を指導する。いずれも人として重要なことばかりであるのは間違いない。

その際、一番大切なのは、これらの指導が「子どもたちの心にいかに浸透するか」ということだ。その場だけですぐに忘れ去ってしまう、あるいは最初から受け容れる気持ちにならないような「指導」では、道徳教育は絵に描いた餅になってしまう。

以前、学級崩壊に近い状態のクラスを、翌年そのまま受け継いだことがあった。新年度、子どもたちの荒れてしまった心の立て直しが急務だった。子どもたちの心に「伝わる」「残る」確かな道徳指導が必須であった。

しかし、ありきたりの勧善懲悪的な「よい話」は、こういう子たちの心には入らないだろう。そうした話は聞く気持ちさえ持っていないかもしれない。もちろん、長話は無駄だ。そのため、まずは教師が「言葉の節約」をせねばならない。くどくどしいのは駄目だ。「少ない言葉でありながら、確かな効果がある方法」が必要だと思った。

それらを前提とした創意工夫が必要だった。

そこで、立て直しの方策を必死に考えた。

その結果生まれたのが、本書に登場する「紙芝居」であり、「携帯フレーズ」だった。絵でイメージを残し、短フレーズで徳目を日常的に意識化させるという方法である。

大きな効果があった。保護者からは「三日間で子どもたちが変わった」と言われた。

その内容は本文で詳しく述べていくが、そのとき確信したのは、どんな荒れた感じや自堕落な感じの子であっても「成長への欲求」は、しっかり持っているということだった。

今は、「どんな子でも成長への欲求を強く持っている」と断言できる。

何重の壁で囲まれていても、その内に向上心を持っていない子には会ったことがない。要は、その心にどうやってアプローチするかである。

しかし、世の道徳に関する議論の中心は、「何を」伝えるかということであり、「どう」伝えるかということに対する関心が低いように見える。

教師としての現場での三十余年の経験から、いくら内容的によいもので、相手にとって大切だと思われる内容であっても、「伝え方」がまずければ伝わらないし、ましてや心に残ることはないといえる。

教師や親や祖父母が、いくら「道徳的なよい話」をしても、子どもたちの心に伝わり、心に残らなければ意味がないのである。

伝わらない、残らないのは、伝え方が子どもの心にフィットしないからであり、心をえぐらないからである。

「伝わる」ため、「残す」ための創意工夫がいるのである。

ゆえに、道徳教育ではないが、たとえば仏教などでは、古来、その難解ともいえる教義を広く民衆に伝えるために、比喩や物語化や図式化や短フレーズ化などの創意工夫を重ねてきたのである。

そうしたことも、「紙芝居」や「携帯フレーズ」を考え出す上で、大いに参考になった。

卒業して何年も経った教え子からも「紙芝居」や「携帯フレーズ」は話題に上ることも多い。きっと彼らの道徳観を支える基になっていると思う。イメージに残すということ、口癖にするということは、そのくらい力がある。

以来、たくさんの試行錯誤を重ねてきた。もちろん効果のあったことばかりではない。むしろ失敗の方が多い。

たとえば、かつて卒業式の日、最後に学級で話をしたときのことだ。六年間の最後にふさわしい「贈る話」である。何とか将来の心の糧になるようなよい話をと思い、ずっと考えてきた。本を読んで自分も深く感銘した「誠実」をテーマにした内容を話した……が、何ら感銘を与えることができず、ただ流れてしまった。もう「次」はないというのに。あの空虚な光景は忘れられない。

このことに限らず、「これならばきっと子どもたちの心に届く!」と思ってした話や描いた図が全く効果がなかったということは数多《あまた》ある。その都度、とても落胆した。

が、何がいけなかったのかを考えて、毎年次々と新手を打ってきた。

本書には、その累々《るいるい》たる失敗の歴史の中で、「確かに子どもたちの心に伝わり、残った」と実感できたものだけを集めた。すべて子どもたちを相手にした実践をくぐらせたものばかりである。

これらは教育現場での実践であるが、ご家庭で親や祖父母が子どもや孫に、地域で指導者として若者に、あるいは企業で上司が若い部下に道徳を語るときなどに役立つものも多いと思う。またこれらをヒントとし、「加工」して使ってもらっても、きっと効果があると思う。

さらに、昨今の世情から今改めて問われている「大人の道徳」を考えたとき、自己教育に活用できるものもたくさんあるのではないかと思う。

本書が、確かな道徳観を育むための一助となれば、幸甚である。

子どもたちが身を乗り出して聞く道徳の話　目次

まえがき

第1章 真っ直ぐに生きる心を育てる

第2章　社会で生きるルールを身につける

第3章　ものごとにいかに取り組むか

第4章　人間ってなんだろう

装幀……川上成夫
本文デザイン……宮川一郎

第1章

真っ直ぐに生きる心を育てる

自尊

自分の中にいるもう一人の自分

「もう私なんか死んだ方がいいんだ」「私なんか何をやってもダメだ」

何不自由のない小学生の言葉である。「自尊」とは正反対の「自己卑下」の極だ。この歳にしてもう、こんな考えを持ってしまう子もいる。もちろん、そう言って自分に関心を向けてほしい、庇護されたいという思いは強く、ねじれた愛情欲求ではある。

こうした子に「そんなことはないよ、親も先生も君のことを愛している」というメッセージを伝え、温かく抱きしめてやるのがよい……というのが、よく出される処方箋《しょほうせん》である。もちろん、それはいいだろう。

しかし、それだけではこの子の「自尊」の念は育まれない。人は「受け身」である以上「自尊」の念を持てないからだ。

「死んだ方がいい」と言っている子は、愛情不足……というだけでは見落とされる視点がある。この子は、そう言うことによって努力放棄の隠れ蓑《みの》にしているのだ。

実際、この子を受け持ってみたら、宿題はやらない、作業は乱雑、いろいろ口実をつけて皆のためにも働かない。

何も能動的にやらずにいて「死んだ方がいい」と言っているのだ。これでは、「自尊」の念が育つはずがない。「温かく受け止めてやる」だけでは、根本的な解決にはならない。

自分が自分を好きになれるかどうか、さらには尊敬できるようになれるかどうかが根本的な問題なのである。

紙芝居「目玉おやじ」

自分の中にもう一人の自分がいること知ってる?

「自分」には、「する自分」と、それを「見ている自分」がいるんだ。

(次頁の絵を見せる)

この「目玉おやじ」みたいな「見ている自分」は、自分のやることすべてを見ているんだ。「おまえ、あのときずるいことしたよな」「おまえ、あのとき全力じゃなかったよな、手を抜いたよな」「おまえ、あのとき人につられて本心じゃないことをやったよな」って。

他人にはわからなくても、いつも厳しい、中立な目で見ている。誤魔化《ごまか》せない。

だれでもずるいことをしたことやさぼったことはあるだろう。それで、しめしめ、誰にも気づかれずにうまくいった！　と思ったこともあったかもしれない。でも、知ってて、覚えている人、いるんだよ。それがもう一人の自分、「目玉おやじ」だ。だから、ほら、今だってそのずるいこと、自分では覚えているでしょ。

もちろん、「目玉おやじ」が覚えているのは悪いことばかりじゃない。自分のがんばりも報われなかった努力も見ていてくれる。その「目玉おやじ」に「うん、オマエもなかなかよくやっている」と認められるということが大切なんだね。これを「自尊」の念という。

「目玉おやじ」に尊敬されれば、目玉おやじは大きな力を与えてくれる。でも、ずるいことだけをしてうまくやろうなんていうときは、大きな力でその邪魔をするんだ。「おまえなんか、成功する資格なし!!　だって、あんなに卑怯だったじゃないか！　ってね。

「目玉おやじ」に尊敬してもらえるような生き方をしていこう。

人に気づいてもらえなくても、人から褒められなくても、「目玉おやじ」だけは知っていてくれて、大きな力を与えてくれる。

かつて「地獄絵」というのがあった。大人は子どもに「悪いことをするとこんな目に遭うよ。閻魔様《えんまさま》は誤魔化せないよ」と教えた。もはやそれを信じる子は少ない。しかし、地獄絵が担っていたような役割が不要になったかというと決してそうではない。むしろ、そうした非科学的とも言えるようなものが、子どもたちの自己陶治《じことうや》に深く役立つ。それがなくなってしまったために、「口先三寸」の言い訳をすれば、ばれなければ、どんな卑怯も怠慢も「ヤリ得」だというような風潮になってしまったように思う。

しかし、もう一人の自分という意味で、「目玉おやじ」は、誰にでもいる。こう教えることによって地獄絵が担っていたような、子どもたちの自己陶治を促すような効果が期待できる。

大切なのは「自尊」の念だ。

自信
どんなに揺れても折れない心

何かを「絶対にうまくやれるという確信」が「自信」であるように錯覚している人が多いが、そんなのは「過信」にすぎず、持たなくてもいい心だ。どんなことだって「絶対にうまくいく」とは言えない。極端に言えば、あと数分後に自分が必ず元気であるという保証も、生きているという保証もないし、地球があるという保証すらない。誰にとっても「一寸先は闇」が現実だ。だからそんな「絶対うまくいく」という「自信」など、誰にも持てなくて当然である。

では、「自信」とは何か、それは「自尊」の念ととても近い。「もう一人の自分」から見て、「根気よく」「丁寧に」「集中して」「誠実に」やってきたなと思えるようなことに対して、「今、この時点でのベストは尽くしたな」と思える感情が「自信」である。だから、結果が伴わないことがあっても仕方がない、という諦念や潔《いさぎよ》さもセットである。

もちろん、なかなかそんなふうには思えない。しかし、少なくとも最後は「百《ひゃく》転《ころび》一《いち》起《おき》」（後述）でいいんだという覚悟もセットであるべきだ。

話「揺れながら安定」

法隆寺の五重塔が千四百年以上も倒れなかった理由が分かる？

すごく丈夫に造ってあったから？

実は、「揺れやすい」からなんだ。

高い建物が倒れる一番の原因はやはり地震だけど、揺れない建物ほど揺れの大きさがあるところまでくると倒壊しやすいんだ。それに対して、五重塔は、揺れやすいからこそ地震の揺れをうまく乗り切れたんだ。

この大昔の建物の構造を真似したのが、東京スカイツリーなんだよ。

高層ビルの耐震構造も皆、「揺れる」ということなんだ。

つまり、「揺れながら安定」しているのが、五重塔であり、スカイツリーなんだ。

人間だって同じ。悩んだり迷ったりして、いつも揺れている人の方が案外強いものなんだ。逆に「信念を曲げない一徹の人」というのは、見た目は強そうでも案外ポキッといってしまうものなんだよ。特に悩みやすい人、「揺れながら安定」が一番強いんだって覚えておこう。いくら揺れても倒れなけりゃいいんだから。


よって、「揺るぎない自信」などというものは、現実的ではない。ではどう考えればよいか。「揺れながら安定」が一番強いのだと思うことである。「自信」というと、微動だにしない、直立した建物のイメージかもしれないが、それは実際には強くない。揺れても倒れるところまではいかない、というのが建物の強さであり、同様のことが、人間にとっても最大の自信であると言える。

自律

節度を保って生活する

もう何年も前から言われていることだが「自分のやりたいことは何でもじゃんじゃんやっちゃえ」というような、「自主性尊重」のはき違えによって、学校でも社会でも「節度」がない子が増えている。

レストランや公共施設、地下鉄などで騒ぎ回る子は数多《あまた》いるし、近くにいる親もそれを咎《とが》めないで、むしろほほえましく？　見ている、という場面もよく見られる。

子どもたちも、「悪気」がある場合ばかりではなく、まさに屈託なく節度ない言動を繰り返す。自分の中に行動基準がないのだ。

「子どもを怒鳴る」という親や教師の行動への賛否が問われることがある。昨今は「怒鳴る」ということは、教育法として評判が悪いようだが、価値としては中位だろう。怒鳴った結果、子どもの中に価値基準が内面化されたかどうかだけが問題で、表面的な「怒鳴る」も「優しく諭す」も同列、手段の違いで優劣はないものだ。

しかし、いずれにせよ子どもに自ら節度を保てるように指導するのは一朝一夕にはいかない大事業だ。

根気のいる指導なのだ。

そこでイメージの力を借りる。

紙芝居　「自分で線を引け」

何回叱られても、人に迷惑ばかりかけてしまう子がいるよね。

叱られないときちんとやれない子もいる。

そういう子に足らないのは、これです。

（絵を見せる）

そういう子は「自分で線を引く」ということができないんだ。この辺まではいい。

ここからはアウトというのが自分で線引きができない。だからいつも誰かほかの人に引いてもらって、ガツンと言われなきゃはみ出てしまう。

世の中に、線は引かれていないけど、いろんな物事に対して、出てはいけない線はあるよね。

たとえば、「授業中に変な音を立てる」「地下鉄で暴れる」「レストランで騒ぐ」……などなど、全部「一線」を越えているよね。しかし、これも自分で線が引けない人がいるということなんだ。

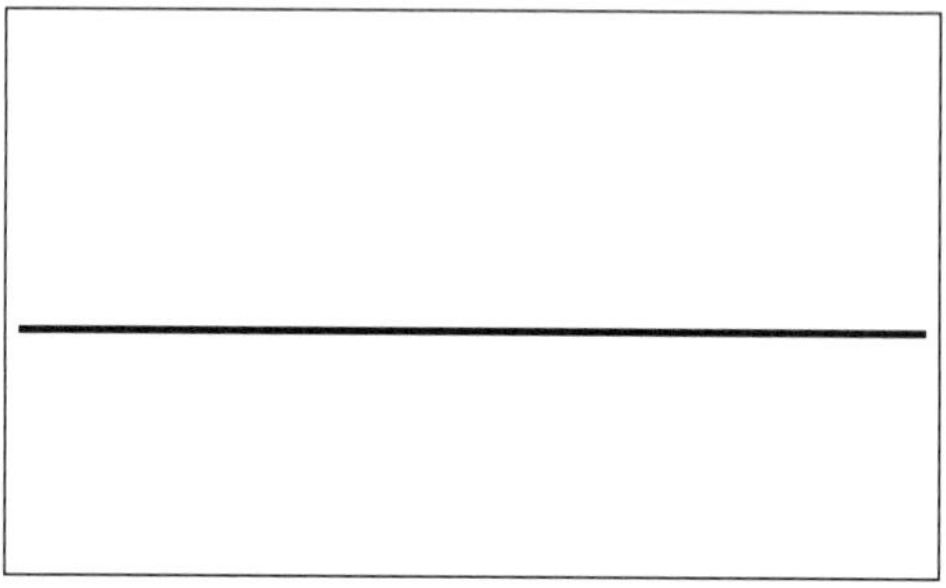

小さい子は仕方ない。そこで叱られてだんだん自分で、こういうときはこの辺が線なんだなと学んでいる最中だから。でも、高学年になってもそれじゃ、幼児と変わらないってことだよね。
自分の言動については、「自分で線を引ける」のが高学年です。そして、それが「自律」ということです。

この話をした後は、折に触れ、子どもの言動に対し、「今のは線ギリギリだぞ」とか「おい、今のは線越えてないか？」というだけで「自律」への意識を強化していけるとともに、言動の「線」について、集団でのコンセンサスを図っていくことも可能となる。

もちろん家庭でも同様であろう。

勇気

心に火をつける

ある作家が、現代で子どもたちに最も教えなくなったのが「勇気の大切さ」だと述べていた。

戦争中の「蛮勇」への批判や反省の拡大解釈から、「勇気」を教える大人が激減した。そして、その結果、「最も大切な『自分の命』」さえ守れば、どんな卑怯も腰抜けも許されるという風潮が生まれた、という。

確かに、学校でも「勇気」の大切さを教えることは重視されていない。

しかし、言うまでもなく、どんな善行も勇気がなくては成就《じょうじゅ》しない。

いじめや嫌がらせ、あるいは万引きなども、単独で行うことは稀《まれ》で、多くの場合複数によるものである。その該当児童たちを呼んで指導をすると、つられてやってしまった子たちはほぼすべて「悪いとわかっていたけど、やめる勇気や止める勇気がなかった」という。そこに最も欠けているのは「勇気」だ。

いじめや万引きのグループから抜ければ、それなりの「制裁」は受けるだろう。無難にはいかないかもしれない。

しかし、自分が選んでやった「間違った行為」でもあるのだ。少々の傷は当然、でも意に反したことをこれ以上続けてはいけない、だからやめる、という意志を貫くことが重要なはずだ。

しかし、そうはせずに目先にある仲間たちからの「咎め」を避けるためにそのままの関係、そのままの行為を続けてしまう。こうした例は数多《あまた》ある。

決定的に不足しているのは「勇気」だ。

子どもたちに勇気の大切さを教えないことが、目先の保身を選ばせる（もちろん、それは本当の意味での保身にはなっていないが）。

また、進んで集団の代表になり、進んで大きな責任を負おうという気持ちを持った子が減ってきたのも現代の特徴である。

「学級委員」の選挙でも、立候補者ゼロ、あるいは一、二人というクラスもよく見られる。進んで大きな責任を負うことが成長には必須であるのに、立候補して落選する恥ずかしさが先に立ってしまう子や、仮に当選しても責任者として叱られることが嫌だという理由で立候補しないのだ。

リスクを取る勇気がないのだ。中には内心「やってみようかな」という気持ちがあるのに、保身の方を選び、自分の心の火を消してしまうのだ。

迷ったときには、「勇気」が何よりも必要なんだという価値観が内面化していないのである。

こうした子たちに、ただ「勇気を出せ」「失敗してもいいじゃないか」といくら言っても変わらない。担任の力説が全く通じないという例は数多ある。

では、どうしたらいいのか。

子どもたちの心に訴えるには、「先回り思考」が有効である。

子どもの心の中に起こるであろう思考過程を先回りして提示し、どっちの道を選ぶのが「よいこと」で、それはなぜなのかを説くことである。そうすれば、子どもたちの心に響く。

紙芝居「心についた火を大切に」

この後、学級委員の選挙を行います。

ぜひ、立候補しなさい。

自分から進んで大きな責任を負おうとすることが成長のためには、とても大切です。

今まで立候補したことがない人も、少しでも「今年は立候補してみようかな」と思ったら、その気持ちを大切にしなさい。勇気を出すのです。

これは、みんなの心。

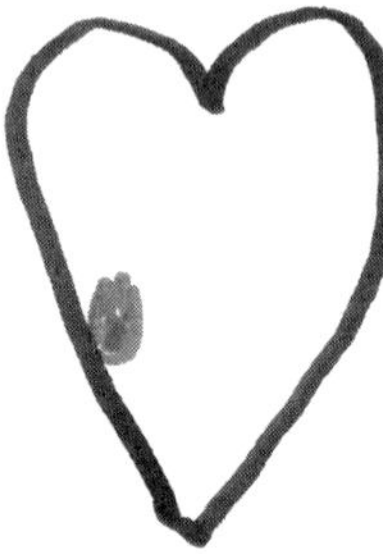

今、先生の話を聞いて、ちょっとでも「やってみようかな」と思った人は、他人からは見えなくても、自分の心の中に（こんなふうに）小さな火がポッとついたんだ。

でも、多くの人は残念なことに、せっかくついた小さな火に、すぐバケツを持ってきて水をぶっかけちゃうんだ。もちろん、他の人からは見えないけどね。

今までもこんな経験のある人、きっといると思う。勇気が足らなかったんだね。

でも、このせっかくついた小さな火を大切にしていくことが成長なんだ。

小さな火に勇気という燃料を注いで、大きな火にして

いくんだよ。
　もちろん、今回全《まった》く立候補などしたくない人はいるでしょう。全く火がつかなかった人だ。その人は、今回はいい。でも、火がついた人もいるはずだ。周りからはわからなくてもそれは自分が一番よく知っていることだ。火がついた人、勇気を出してみよう。

という話をして、選挙に入る。その結果いつも二桁近い子供が立候補してきた。

　事後指導も不可欠だ。投票前に、まず立候補したこと、つまり勇気を出したことをベタぼめする。「もし、初めて立候補した人。迷った結果、『やる』方を選んだ人、今日は、もうこれだけで大成長できた素晴らしい日だよ！　成長おめでとう！　これからもその勇気を大切にしていくんだよ」と言って握手する。
　さらに、「これだけ褒めたのだから、落選した後、『あーぁ、やっぱりやめとけばよかった』『恥かいちゃった』なんてがっかりするなんてのは許せないね。もう、ここまでで十分立派なんだから、落選した後も、先生は絶対慰めないよ」と先取りする。

そして、選挙後、落選した子に問う。

「まさか、後悔してないよな？」と。ほとんどの子は「もちろん！」という顔で「はい！」と答える。一皮むけたのである。

手間暇がかかるが、勇気のなかった子に「勇気を育てる」とはこうしたことである。

そして、いったん勇気のある行動をさせれば、勇気を出すという心の癖もついていく。子供たちの成長のためには、決して「バケツで水をぶっかける」ことを心の癖にさせてはいけない。

紙芝居　「Yの字の法則」

また、そうした「心の癖」を強化させるために、普段からあるイメージを持たせるのがよい。それが次の「Yの字」の紙芝居である。

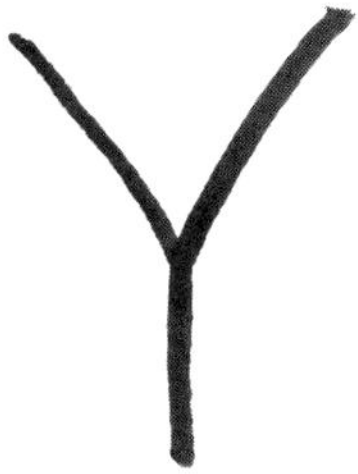

これから先も、君たちが生きていくと、君たちの前にはいつもこうした「Yの字」があると思っていい。

このとき、いつも心に火のついた方を選んでいくか、いつも「バケツに水」の方を選んでいくか、によってみんなの人生は大きく変わってくるんだ。もちろん、いつも火のついた方が「うまくいく」とは限らない。失敗もあるだろう。でも、そちらを選んでいく方が、成長にはつながるし、何よりも後悔のない生き方になるよね。

自分の心の火を大切にする生き方をしていこう。

こうしたイメージを持たせ「勇気」を育成していくのである。

素直

人の優れたところを認める心

「素直」とは「誰の言うことでもきちんと聞く」ということだと考えている大人がたくさんいる。

それは誤りである。話は「誰が言うか」によって聞けたり聞けなかったりして当然だからだ。子どもたちが信頼していない人（嫌いな人）の話は聞けない。「聞くふり」「ただ聞くこと」はできても、耳から心に入っていくことはない。それは善悪を越えた現実である。

それを「ワシの話が聞けないのか！　素直になれ！」と言うのは強弁であり、エゴである。子どもが言うことを聞かないなら、それは口惜《くや》しくてもその大人の実力不足である。

さて、では「素直」は必要ないかと言えば、もちろんそうではない。

成長のために最も大切な「素直さ」は、人の優れた点を認めるということと、自分の非を認めるということだ。

「人に拍手しない者は拍手される資格がない」

たとえば、学校の朝会などで誰かが表彰される。皆で拍手を送る。しかし、中には拍手しない子がいる。「自分には関係ない」といったところだろう。これを許してはいけない。関係なくはないのだ。人の快挙を素直に祝福できないようでは、自分が表彰されたとしても祝福される資格はないし、そもそもそんな狭い了見では快挙は達成できないのだと知らねばならない。独りだけの力で成し遂げられることはほとんどない。応援し合って、支え合って、皆の力を結集してこそである。

そうした観点からも「素直に祝福する」ことの大切さを伝えねばならない。

もうひとつ、自分の非を認めるという素直さも成長には欠かせない。

たとえば、喧嘩などをしたとき、いつまでも相手の非をなじるという子がいる

(最近は親にも多い)。そうした言い分に反して喧嘩やもめ事が百対〇で片方が悪いということは、客観的に見てほとんどない。もちろん、いつも五分五分というわけではないが、七十対三十とか六十対四十というのが普通だ。そのとき、自分の側にも多少なりとも非があったと認める「素直さ」はとても大事だ。中にはどう見ても割合としてその子の方が悪いのに非を認めない子もいる。

一朝一夕には直らないが、こういう指導も効果がある。

討論などの授業で、私はまず次のような原則を教える。「討論の掟《おきて》」として。

話　「討論の掟」「這っても黒豆」

授業で「討論」をするときには、以下のような「掟」を守るように教えてきた。

一　自分の立場をはっきりさせる。

一　相手の意見をよく聞く。

一　相手の意見の方が正しいと思ったら潔く意見を変える。

ただし、「素直すぎ」（安易に、すぐに「納得」してしまう）はいけない。

「頑固すぎ」はもっといけない。


ここで「這《は》っても黒豆」というたとえ話を教える。

少し遠くにある黒くて丸い物が何であるかについて、二人が言い合っていた。

一人は「あれは虫だろう」と主張。もう一人は「いや、あれは黒豆だ」と主張。

「虫だ」「黒豆だ」と二人が言い合っているうちに、その黒い物が這って動き出した。

「ほら、虫じゃないか！」と言うと、這っているのに「いや、虫じゃない。黒豆だ」と意見を変えなかった……。

付随して「弱論強弁（論拠《ろんきょ》が弱かったりするにもかかわらず、無理に言い張ること）」という言葉も教える。筋道として成り立っていないのに、あくまで主観的な意見を言い張るという「醜《みにく》さ」を伝えるのである。

この話は子どもたちの心に残りやすい。

私は「嘘《うそ》」と「言い訳」だけは許さない、とよく話してきたが、それは「素直」と正反対、成長と正反対の態度だからだ。

しかし、それが習い性になってしまっている子も少なくない。親が厳しすぎたり、甘すぎると、どちらも「嘘」「言い訳」の多い子が育つ。前者は、危機や恐怖を、回避するため。後者は「言えば何でも信じてくれる。許してくれる」ためである。

こうした反応は一朝一夕には直らない。しかし、「這っても黒豆」や「弱論強弁」などの用語を「携帯フレーズ」化させることによって、「それは『這っても黒豆』に近いよ」とか、「『弱論強弁』はやめなさい」というような指導を根気よく繰り返していくうちに「非を認めない」とか「嘘や言い訳を重ねる」という態度は改善はされていくものだ。

私は、こうした指導で「素直」さを育成してきた。

「討論の掟」や「携帯フレーズ」は、もちろん、授業でのみ、学級でのみでなく、家庭教育の中でも生かせるはずだ。

友情

大切なのはどんな心でつながっているか

「友情」は、「恋愛」とともに思春期の子どもたちにとって、最も大きな関心事といえる。仲のいい友だちがクラスにいるかどうかで、学校に通う楽しさの大小が決まるという子も多い。

それだけに多くの児童が、友だち関係のことで悩む。

友だちができない。友だちと喧嘩した。友だちに裏切られた。友だちが冷たくなった……から、友だちを盗《と》られた、まで、「友情」にまつわる悩みは尽きない。

私も多くの子からそうした悩みを相談されてきた。

もちろん、そうした悩みがあってこそ、適切な人間関係を学ぶことができる。

しかし、「友だち」の捉え方は、様々で、昨今のようにネットやラインで「つながっている」＝「友だち」と捉える子も増加してきている。

また、孤独を紛《まぎ》らすために、ただ「つるんでいる」だけという子も多い。そこには決して「友情」は存在していないのに。

「知り合い」＝「友だち」、「一緒にいる」＝「友情」と勘違いしたまま、非建設的な関係を持ち続ける子もいる。

こうした子たちに欠けているのは、その「友だち」とどんな心でつながっているかと顧みることである。

友人関係で悩む子が多くなる高学年には、次のように指導してきた。

話・図　「友だち関係図」

黒板に「友だち」と書く。

唐突に問う。「君は友だち何人いる？」

「えーー？」と言いながら、周りを見る子、指で数える子、うつむく子、などさまざまだ。

「じゃ、今『友だち』の顔を思い浮かべた時に、ある子は、『友だち』、ある子は『友だち』じゃない、と仕分けしたよね。じゃ、その基準は何？」

「よく遊ぶから」「気が合うから」「趣味が合うから」などと答える。

「なるほどね。ま、いろんな基準があるよね」

これが、Aさん。これがその友だちだとするね。何かで心がつながっているから、友だちなんだよね。

どんな心でつながっているのかは、さっきみんなが言ってくれたようにいろいろだよね。

でもね、中には「あの子は本当の友だちといえるかな」とか「本当の〝友情〟」って何だろう、と悩む人もいるかもしれない。そのときは、その子とどんな心でつながっているのかな、と悩むわけだよね。

実はね、こんな心でつながってしまうこともあるんだね。

さみしいからつながっているだけというのは「ツルむ」なんて言葉があるけど、そういうことだね。中には「ずるさ」でつながる「ワル友だち」もあるし、怠け心でつながる「サボリ友だち」という友だち関係だってある。

これじゃ、本当の友情とは言えないね。

「やっぱり本当の友情は、お互いが成長し合うものでなくちゃね」

信頼とか尊敬でつながる友だちができたら、素晴らしいね。

何となくつるんでしまう、なんとなくよくない関係を続けていってしまうことの多いのが今の子どもたちである。自ら

振り返って、自分にとってマイナスの影響の方が大きいと思う「友だち関係」は、勇気をもって改善、ときには解消する勇気も大切だと教える必要がある。

主体性

先回りできる人になる

「ハイハイ優等生」という言葉がある。親や教師から言われたことは何でも「ハイ！」「ハイ！」と聞くが、自分から進んで何かをやろうとしたり、リスクを冒《おか》したりすることのない子のことである。

もちろん、大人にとって「困ったこと」は起こさない。いつも「正しいこと」をする。

「成長」の一過程としてならいいかもしれない。しかし、こんな子を目指すべきではないし、目指させるべきでもない。人間の成長は、「主体性の発揮」にこそある。自分で考え、自分で行動する子を目指させるべきである（もちろん、多少の失敗、リスクはつきものである）。「ハイハイ優等生」にはそれがない。

紙芝居　「先生を先回りせよ」

「先生が一番望むのはこれだよ」

絵を提示する。

「何を意味しているか、分かる?」

「この小さなオニは、先生」

「『先生を先回りせよ』ってことです。

言われたことをきちんとやる、というのはよい子だけど、レベルとしては低いね。

言われる前に、自分で気づいて動く子の方が上です。

先生は、言うことを聞くだけのよい子などうれしくはない。みんなが先回りしてくれることはすごくうれしい。ぜひ、先回りできる子になってください」

そして、この紙芝居は一年間、教室掲示板の「係活動」の表の横に掲示する。

「指示待ち族」という言葉もあるが、こうした話をしないと「言うことを聞く」

というのが最もよいことだと錯覚して育つ子もいる。それは「レベルが低い」。「その上」を目指せというのは、主体性を発揮させるために大切な指導だ。

感謝

意識して育てなくては生まれない

友だちが作れない、友だちとうまくいかないという悩みを持つ子の保護者から相談を受けた。

父親は大きな会社を経営していて、円満。立派な邸宅に住んでいる。

その跡継ぎたる子は、内向的で先行不安も強い子だ。引っ込み思案な面もあり、悩みやすい体質とも言える。

しかし、話をしていて、それだけが対人関係がうまくいかない理由ではないことに気がついた。まずは、受け身であること。「……してくれない」という発想が多い。

それとともに気づいたことがあった。母親に尋ねた。

「○○くんは、『ありがとう』とよく言いますか？」

「え？『ありがとう』ですか……そうですねー、そう言えば、下の子はよく言うんですけど……あんまり聞かないですねー」

「そこに問題がありそうですね。『ありがとう』とあまり言わないのは、いろんなことを当たり前と思っているんでしょうね」

「あ？　……そうかもしれません。きっと友だちから何かしてもらっても感謝していないんですね」

「ま、そういう心は自然と気づくものですからね」

「よくわかりました。まずそこから躾《しつ》け直します。私たちも、何でも与えるだけ与えて、感謝させず、いけなかったと思います……」

対人関係を改善するには、対症療法だけではなかなかうまくいかないことが多い。この場合は、生まれてからずっと何もかも揃っていたために「人への感謝」の念が育っていなかったし、親も育てようとしてこなかったことが根本にあったのだ。

「何でも揃っている」家庭も多い現代。「何もかもあって当たり前」として育った子たちに「感謝」の心は、自然に生まれてくるのを待つというだけではなく、意識して育てていかなければ育たないものでもある。

話「ありがとう」の反対語は？


「『暗い』の反対語は？」

「明るい」

「『速い』の反対語は『遅い』。じゃ、『ありがとう』の反対語は？」

「え⁇」

「死ね」「馬鹿野郎」「うざい」……などなどが出た。

「答えは『当たり前』です」

「え？」

「ありがとうの語源は『有り難い』。つまり、『ある』ということが『難しい』ということなんだ。『あるということがなかなかないことなのに、ある。それは幸せなことだ〝ああ、〟ありがとう』と」

「だから、あるのが当然、と思っていることは『有り難い』の正反対。『ありがとう』の反対は『当たり前』ということなんだ」

親が食事を作ってくれるのは「当たり前」と思っている人は「ありがとう」という気持ちがないし、自分が困っているときに誰かが助けてくれたのは「当たり前」と思っていたら「ありがとう」とは言えないね。

でも、考えてみたらそのどちらだって「当たり前」じゃないね。

そういうことは身のまわりにいっぱいあるはず。もう一度「有り難いことだ」という目で見てみよう。「有り難い」はずなのに、「ある」ということに気づけば自然に感謝の念が湧いてくることが多いはずだ。

絵と話　「縦軸と横軸の交差点」

今、私たちはここにいるんだ。

タテ軸が歴史、横軸が世界。

今、ここにいて、「タテ軸の上方向」＝「未来」に向かって進んでいるんだけど、いつもこの十字の交差点にいることを忘れてはいけない。

タテ軸と横軸を知ると、今、この時代に日本で生活しているということの大きな大きな幸運に気づくはずだ。『有り難い』ほど恵まれた場所にいるのが私たちだ。

縦軸を下れば、戦争。横軸にはいっぱいの貧困地帯がある。その中で、ここにいるということの有り難さ。決して「当たり前」ではないことばかりなんだ。毎日三度のご飯が食べられることだって、清潔な服が着られることだって、薬があることだって、爆弾が落ちてこないことだって縦・横を見れば決して「当たり前」のことじゃない。それは少し勉強すればすぐにわかる。

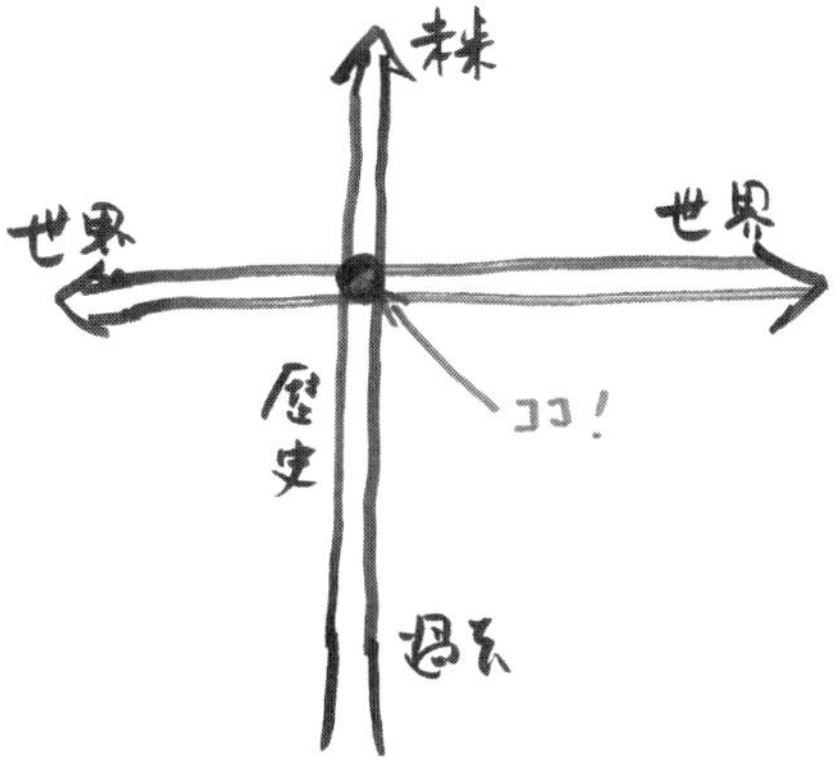

これだけ「有り難い」中にいて、ちょっとあれが足らない、ちょっと思うようにならない、快適でないからといって不平不満ばかり言うってことがいかに、噴飯物《ふんぱんもの》であるか、いつも自覚していなきゃいけないんだよ。
つまらないことで文句を言いそうになったら、この十字を思い出して、感謝の心を大切にしながら、毎日生活していこう。

近視眼的に物事を見ていては、感謝の心は生まれにくい。
それは、物事を広く深く見る目を養うことによってこそ育つものだ。

第2章

社会で生きるルールを身につける

信用と自由

楽しいことはタダでは手に入らない

人は皆「自由」が好きなことは、過去どれだけの人々が「自由」を求めて命懸けの闘いをしてきたか、その歴史を見れば歴然としている。

もちろん、子どもたちも「自由」が大好きだ。

そして、戦後は特に大人たちもこぞって子どもたちに「自由」を与えてきた。

もちろん、それゆえに伸びた面も多々ある。しかし、「自由はタダでは手に入らない」という基本を忘れさせてはいけない。

「義務」あってこその「権利」と同様に、「自由」にも、欠くべからざる前提がある。それは「信用」だ。信用ができる人にのみ自由は与えられる。

大きな「自由」がほしければ、大きな「信用」を築け。こうした基本を子どもたちにもしっかり教えるべきだ。

話と絵　「信用と自由の天秤」

みんな、夏休みや冬休みが大好きだよね。
どうして好きなの？
そう、長い休みには「自由」がいっぱいあるからだよね。

先生も、この一年間できるだけ「自由」を認めてあげようと思っています。
ただし！　「自由」は、天秤の片方なんだ。
??
天秤、知ってるね。両方に物を載せて釣り合わせる道具ね。

この片方が「自由」だとすると、もう片方は何だと思う？
それは「信用」です。
「信用」がなければ、「自由」を与えることはできない。それはわかるよね。

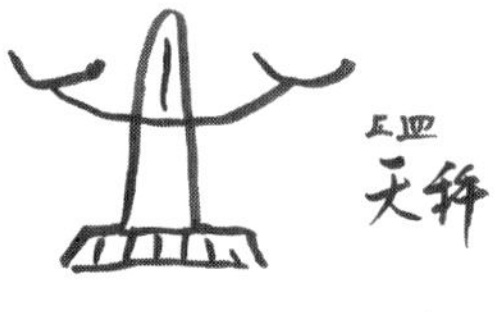

極端な例で言えば、犯罪者が刑務所に入って自由に生活できないのは、「信用」できないからだね。

だから、大きな「自由」がほしければ、大きな「信用」を築かなきゃいけないんだ。

君たちが「信用」を大きくしてくれれば、先生もこの子たちならたくさん「自由」をあげていいと思うし、たとえば、先生が見ていないとずるいことをするとか、こんなルール違反をするんだなと思えば、残念だけど「自由」を減らしていくしかないね。

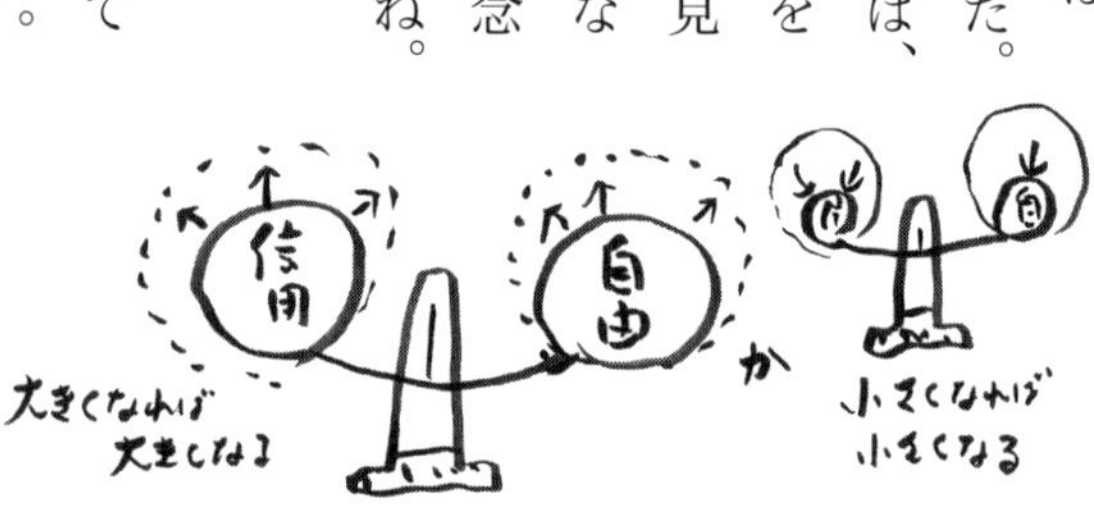

それは納得できるよね。

だから、この一年間、できるだけ「自由」な活動を増やしてあげられるように、「信用」を築く行動を重ねていってほしい。

子どもたちに「自由」を語るなら、セットとして「信用」を築くことの大切さを語るべきであり、「そのあと」に「自由」があるのだという順序があることを間違えてはいけない。「権利」と「義務」も同様である。

それを視覚的にイメージさせるのがこの指導である。

奉仕

「自分だけのこと」から卒業する

幼児に「奉仕」の心がないのは当然である。「自分のことでいっぱいいっぱい」だからだ。では、歳を重ねると奉仕の心は自然に生まれてくるのか、と言うとそうでもない。

指導が必要である。

放置しておけば、小学校六年生になってもエゴの塊という子は少なくない。「権利」ばかりを教えられ、マスコミによって「被害者意識」ばかりが増幅させられてしまった子どもに「奉仕」の心の大切さはわかる余地がない。むしろ「……してくれない」ことへの不満でいっぱいである。

新しい学級を担任して、こういう場面はよくあった。

「そこにゴミが落ちてるよ」

「ぼくのじゃないよ」

「学級文庫、ぐちゃぐちゃじゃないか」

「私はちゃんと返したよ」


よくない現状は、自分の責任ではない、ということだ。

もちろん、そうかもしれない。

しかし、自分が生活している場だ。こうしたことだって「自分のこと」という認識を持たせたい。

自分に直接的に利害関係がないことは「自分に関係ない」と捉えてしまう、その利己心を克服させたい。

この例で言えば、ゴミがあれば「(自分のせいじゃないが) 拾ってやろう」、片付いていなければ「(自分はきちんとやったけど) 直してやろう」と思う心を育てたい、ということだ。

こうした利己的な考え方を改善させるのはなかなか難しい。

「もっとみんなのことを考えろ」だけでは、なかなか通じない。

ここでの指導には「成長」というキーワードが必要となってくる。

「自分のこと」という意識の範囲を広げていくことが成長なのだと伝えるのである。

紙芝居　「ウメボシマンは禁止だよ」

「ウメボシだ！」

「いや、これは『あなた』です」

「えーー？」

「たとえば、教室にゴミが落ちていて『そこ、ゴミ落ちてるよ』と言うと、こんなふうに答える子、いるよね。『私じゃないよ』って」

「確かにそうかもしれない。でもこの答えは『正しい』のか

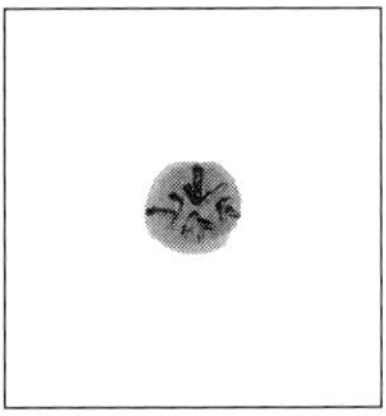

な？　自分がしたことじゃない、だけど教室は汚いまま。気づいても自分のせいじゃないからって、『自分のこと』にしかエネルギーを注げないんじゃ、心はこのウメボシのように小さいんだよ。エネルギーは全部『自分のため』だけ」

「そういう人を『ウメボシマン』と名付けます」（笑）

「学級もウメボシマンが多いと、すごく嫌な集団になるよな」

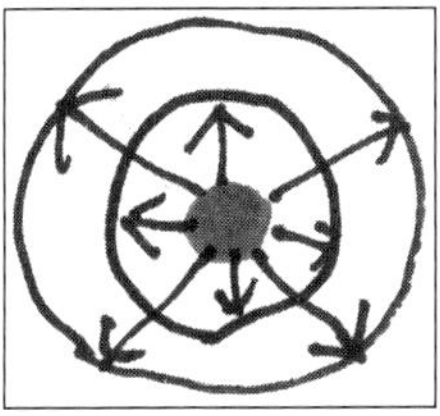

成長っていうのは、自分のことだけじゃなくて、だんだん周りにもエネルギーを注げるようになること。

「上の絵のようにね。そうするとこのウメボシが、イチゴ、リンゴ、スイカって大きくなっていくんだ。イチゴならすぐ横の子や親友まで、リンゴならグループから学級全体、スイカなら学校全体って感じかな。こんなふうにエネルギーを注げる範囲が広がっていくことが成長なんだ。

伝記に出てくる偉人なんかは、もっと大きくって、世界とか人類とかまでこの矢印が伸びた人なんだ。みんな最初はウメボシマンだけど、次第に大きくなっていったんだ。みんなもウメボシマンから変身していこう。

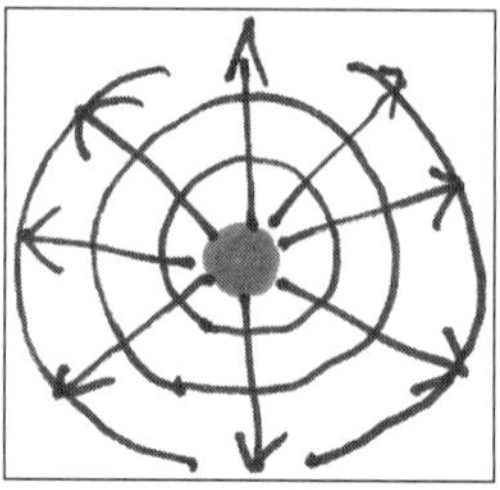

この指導以後、折あるごとに「ウメボシマン」が携帯フレーズとなって、「あ、ウメボシマンやっちゃったな!」「○くん、ウメボシマン!」などとユーモアを交えたかたちで、「奉仕」という面での心の成長を図っていくことができるのである。

先述したように、利己的な心を利他、「奉仕」の方向に導くのは至難のことだ。

しかし、それも当然で、「奉仕」の心は、人として最終的に目指す徳目であるともいえるからだ（数多の偉人伝がそれを語る）。

だからこそ、その方向への気持ちが簡単に消えないような、「自分を広げていく」というイメージが大切なのだ。

子どもたちは、皆「成長」という言葉に反応する。表面的にはどうであれ、どの子も「成長」への欲求を持っている。そこにアプローチしたのがこの実践である。どうしても「お説教」になりがちで、なかなか子どもの心に浸透しにくい「奉仕」の大切さを「しつこくなく」繰り返し、指導することができる。

寛容

平気で失敗できる仲間を作る

マスコミの発するコメントは、基本的に批判が多い。

もちろん、〝社会の木鐸《ぼくたく》〟がマスコミの役割なのだから当然だが、中には過度に被害者意識を助長したり、正義を盾に言いたい放題、といった感が免れないものもある。

また、人気のあるお笑い番組の多くは「ツッコミ」という他者批判が主となっている。こうしたマスコミ、特にテレビに接する時間が長い現代の子どもたちは、どうしても他人への見方が「批判的」になってしまう傾向にある。

簡単に言えば、「文句癖」がついてしまっているのである。

だから、級友への目も厳しくなりがちだ。

いわば、マスコミのように「裁きの目」が常態となってしまっているのだ。

しかし、失敗を繰り返しながら成長し合っていくのが子ども集団である。できれば「平気で失敗できる集団」がいい。

裁けば裁かれる。「裁きの目」は両刃《もろは》の剣で、自分の行動まで規制してしまう。

いじめの元となる「異質感」も、この「裁きの目」から生まれる。

できれば、集団はお互いが「応援の目」で見つめ合うものにしたい。

そこから一人一人の寛容な心も生まれてくる。

そこで、次のような紙芝居で「寛容な心」を指導してきた。


紙芝居　「裁きの目」と「応援の目」

「これからどんな雰囲気のクラスにしたい？」

「楽しいクラス」「協力し合えるクラス」「励まし合えるクラス」「いじめのないクラス」などの意見が出る。

「うん、そうだよね」

「もし、みんながこんな雰囲気を持ったクラスだったら、どう？」

笑いとともに、「わー、いやだ」「こわい」という声が出る。

「そうだよね。みんながこんな怖い目をして、みんながみんなを裁いているようなクラス、いやだよなぁ」

「これを『裁きの目』と呼ぼう。要は、いつも人を監視して、あら探ししている目だ。『こんなこともできないのか、ふん』『ヘタだなぁ』『ははは、失敗しやがった』って思いながらお互いを見つめている……いやだよなぁ、そんな雰囲気。みんな失敗を恐れるようになってしまう」

「そうじゃなくて、このクラスは、これでいこう！」

「お互いが『応援の目』をもって見つめ合うクラス。たとえ、つまずいている子がいても、失敗する子がいても『がんばれ、がんばれ』『ドンマイドンマイ、失敗も何のその！　がんばれがんばれ！』という目だよ」

「いいねー」

「で、誰かががんばったら、みんなで大拍手だ」

「こうした『応援の目』でみんながみんなを応援し合って一年間やっていこう！」

「寛容」の心は、お互い応援し合い、励まし合う中で育まれていくのである。

常にそんな集団にいられるとは限らないが、そんな目をもてる子にしたい。そうしたことを大切にする子にしたい。

礼儀

「ありがとう」と「すみません」が基本

「礼儀正しい」かどうかは、徹頭徹尾《てっとうてつび》、相手本意に考えてこそ決まるものだ。自分では「礼儀」のつもりでしていても、相手は「馬鹿丁寧でまどろっこしいだけ」と思っていることもある。それでは独り相撲である。

子どもは基本的に「自分のこと」だけを考えて言動する時間が長い。相手本意の「礼儀」も数多《あまた》の場面に応じて数多ある。それを根気よく教えていくのが大人の役目であることは間違いないが、これだけは絶対！　と絞るなら、相手への感謝とお詫びを必ずきちんとするということである。

だから、私は次のように教える。

「ありがとう」と「すみません」は一秒でも早く相手にきちんと伝えろ。

これが「礼儀」の要である。

話　相手に一刻も早く届けるもの

昔は、荷物や手紙を届けるのに何日もかかるのが普通だったけど、宅急便や郵便の発達で、相手に物や手紙を届けるスピードは、ものすごく速くなったよね。有り難いことだよね。

でも、荷物より手紙より相手にもっともっと早く届けるべきものがあるんだ。何だと思う？

それは、このふたつ。
「ありがとう」と「すみません」だ。

お礼とお詫びが必要なときは、「一秒でも早く」だ。それが相手への礼儀というもので、それが遅れることを無礼というんだ。

「ありがとう」と「すみません」……一秒でも早く、その人の所にまっしぐらに届けよう。

自分本位でいると、感謝の念が湧かないし、他人の気持ちを慮《おもんぱか》ることもなかなかできない。だから「ありがとう」と「すみません」が遅くなる。あるいは、言わずに済ませてしまう。

中には「すぐには言いづらいな」という気持ちで、お礼やお詫びが遅くなってしまうこともあるだろう（内向的な子ほどそうした傾向は強いだろう）。しかし、それも自分の気持ちを優先したということには違いない。

並んでいる人の前に割り込むのが無礼であることは誰でもわかる。それは「人を後回しにして、自分を優先したから」だ。「気持ち」も同じだ。自分の気持ちを優先することは無礼で、相手の気持ちを優先することが「礼儀」なのだ。

「ありがとう」と「すみません」を一秒でも早く言う、というのはその典型的な実践である。

思慮

自己確認する習慣

元気いっぱいの子どもは「軽はずみ」な行動を取ることも多い。それが「子どもらしい」ということでもあるのだろうが、取り返しのつかない失敗になることもある。それを避けさせるために「思慮」のある行動も取れる子にしたい。

話　携帯フレーズ「まーいいや」

夏休みなどの長期の休みに入る前に、こんな話をする。

明日から夏休み。楽しみですね。きっといろいろな計画があることでしょう。でも、その「最高の夏休み」も、「最悪の夏休み」になってしまうことがあるんだ。毎年、夏休みに、全国各地でたくさんの小学生が亡くなっている。夏休みに入る前は、まさか自分がそんな目に遭うなんて事は考えてもみなかっただろうね。

でも、現実には過去、どの夏休みにも残念な事態がたくさん起こってきたんだよ。

もちろん、事故というのは自分がどんなに気をつけていても起きてしまうことはある。不可抗力って言うけどね。でも、そういうことではなくて、「事故に遭いやすい人」にならないようにしよう。どうやっていても起こる事故はあるけど、その確率が高まったり、低くなったりすることは自分の心次第なんだ。

事故に遭いやすくなる魔の呪文がある。

えーー？

「これです」と言って黒板に書く。

「まーいいや」（魔ーいいや）

この呪文のような考え方をする人が事故に遭いやすいんです。

自転車に乗っているとする。坂道を下っている。先に交差点がある。危ないかな、停まろうかな……でも面倒だな。「まーいいや」行っちゃえ！……で、車にバーンとぶつかる。この場所に入ると危ないかな、「まーいいや」行っちゃえ！……で大怪我をする。道にライターが落ちていた。火をつけてみたい。危ないかな。きっとだいじょうぶだ。「まーいいや」で火事を起こしてしまう……などなど。このようにみんな「まーいいや」という軽い気持ちが起こしてしまった大きな事故だよね。

「まーいいや」は「魔ーいいや」の魔の言葉かもしれないね。危険がありそうなのに、こんな考えが浮かんだら、「いけない、いけない！」と自分で自分を叱ってくださいね。「まーいいや」は決して勇気ある行動ではありません。夏休み、一人で過ごすことも多いでしょう。自分で考えて、行動しましょう。

「まーいいや」という心が浮かんできたときに、「それは危険だ」ということの意識を強めるためには、ただその思いを消すだけではなく、プラス方向へのイメージ化をするとさらによい。

それを次のような比喩《ひゆ》で伝える。

話　比喩「ネジを回すように」

特に危険を伴ったり、失敗が痛手になってしまうような、とても慎重を要する作業の前には、「一つ一つの動作を『ネジを回すようにやれ』」と伝える。ネジを回すように、グッグッと、行動と自己確認を同時に行うのだ。

軽率な子は、どんな作業も「上滑り」的にサーーッとやってしまう。そうではなく、グッグッと、だ。自己確認しながら作業をする癖を身につけさせるのだ。

配慮

やられて嫌なことを他人にしない

言いたいことを抑制なしに何でも言い、やりたいことを抑制なしに何でもやることが、「自分らしさ」と思っている子や、それを「個性の発揮」と勘違いして子育てをしている親がいる。そうした子や親が以前より明らかに増えた。そうした子は、集団の中でも「家と同じように」、他人への配慮のない言動を繰り返し、他人を嫌な気持ちにさせる。気持ちには、いつも「自分」だけがいて、他人は「不在」なのだ。だから言いたいことは言いたくなったら何でも言うし、やりたいことはやりたくなったら、何でもやる。屈託なくやり、トラブルを起こす。

特に「言動」のうち、「言」は、簡単に、無制限に実行できるものだけに、その配慮のないことの弊害は大きい。

配慮の基本は「自分がやられて嫌なことを他人にしない」ということだろう。

しかし、「嫌なこと」は、人によって違う。

たとえば、活動的で試行錯誤が平気でできる「外向型」の人は、割と人からの叱責などに対する抵抗力も強い。「こら、いかんじゃないか、バカ！」と言われても、「はーい！　すみませーん！」と明るく対応して平気な人もいる。しかし、内向型の人で、失敗への抵抗も強く、プライドも高いという人に対して同じような言葉を投げかければ、「……何、バカだと。あいつ、バカと言いやがった……許せん!!」などと、捉えられることもある。

自分基準だけでは失敗することもある、ということも知っておかなければならない。

学校は、多くの児童が集まる場だ。いろいろな性分の子がいる。

私は、特に学級内で交わされる言葉について、重視してきた。これを自分では「言語環境を整える」という概念で捉えてきた。

誰でも簡単に出せてしまう言葉は、簡単に使えるものだけに、配慮を欠いたものになりやすい。そこで、次のような話をし、絵を教室に貼って、いつも意識化させるようにしてきた。

話　紙芝居「言葉は心を切る」

「さぁ、この暗号、分かるかな？」

「正解は、『ナイフは肉を切り、言葉は心を切る』です」

「今まで、人の言葉で傷ついたことがあるって人、いますか？」

たくさん手が挙がる。

「たくさんいるね。中にはそのときのことをいつまでもはっきり覚えているっていう人もいるでしょう」

「じゃ、自分の言葉で人を傷つけたことのある人？」

挙手は減る。

「さっきよりはずいぶん少ないね」

「でも、ちょっとおかしくないかな？（もちろん、世界中の人に聞いたわけじゃないから言い切れないけど）これだけ傷つけられたって人がいるなら、傷つけた人ももうちょっといてもおかしくないんじゃないかな？」

「……」

「みんなが嘘をついてるって言いたいわけじゃないんだ。つまり、自分でも意識しないうちに『いつのまにか』傷をつけてしまっていた、ということが多いってことなんだよ。だから、最初に傷つけられたって言った人、傷つけた人のことは覚えていると思うけど、言った本人は全く覚えていないってことも多いんだよ。だから、言葉っていうのは、ナイフと同じなんだ。相手の心を切って傷つけてしまうことがある。しかも、肉を切るのを無意識にやっちゃっていたということはないだろうけど、このナイフは無意識であっても切れてしまうってことなんだ」

「こわ……」

「そう。怖いものだっていう自覚が大切だね」

「言葉は、便利なものだ。無制限に使えるものだけど、怖いものでもあるんだ」

「だから、ナイフを慎重に扱うように、切る前に慎重に切る場所を確認するように、言葉を発する前にちょっとだけ、メールを発信する前のように、自分で『大丈夫かな』と確認するような癖をつけていきたいね。

それが他人への配慮ってことだよ」

「『ナイフは肉を切り、言葉は心を切る』この絵とともによく覚えて置いてくださいね」

日頃から人に「配慮」できるようにするための、「携帯フレーズ」と「イメージ化」の複合である。絵を壁に貼っておけば、日常的に子どもに意識化させることができる。

一朝一夕には成就《じょうじゅ》、改善しないし、改善したと思っても、ついつい人を傷つける言動をしてしまうという子も多いので、こうした「日常的に自戒できる」ような方法が有効である。

独立

もたれあっていてはいけない

「人との和」ということに比べて、「独立」ということも今の日本の教育であまり教えないことの一つだ。

しかし、「和」とは本来独立した人同士のものであり、そうでなければ「もたれかかり合っている」にすぎない。

「独立」の反対は「依存」だ。中でもいけないのが、いつも周りの人の「承認」を渇望することだ。

独立していない人は、他人に支えてもらわないと立てない。

もちろん、子どもは本来の意味での「独立」などできるはずがない。しかし、「独立心」を培っていくことは大切である。実際、何をやっても「これでいいよね？」「これやっていい？」と承認ばかり求めてくる子が高学年になっても多い。昔より確実に増えているとさえ思う。そして、自分で立っていないのだから当然だが、打たれ弱く、挫折に弱い。自助努力よりは、「助けてもらう」ことに躍起になる。

「独立心」を教えることも、今重要な課題である。先に「和」がきてはいけない。

話　「川の中の強い牛」

「昔、川に牛がいたこと知ってる？」

「水牛のこと？」

「いや、水中にいたんだ」

「えーー⁇　水中？？？」

「そうだよ。水中。どんな強い流れにもくじけないとても強い牛だよ」

「えーー⁇」

「これがその牛です。『聖牛』といいます」

「あの天下無敵『風林火山』の武田信玄が考案したすごく強い牛だよ」

もちろん、本当の牛ではないけど、形が牛に似ているからそう呼ばれていた。信玄が治めた甲斐の国は、度重なる洪水に悩まされていたんだ。堤防を造っても濁流でいつも決壊していた。そこで、信玄は川の水の流れを変える大工事をやったんだけど、この聖牛たちも大きな役割をしたんだ。この「牛」は、その場に留まって濁流の流れを変えてしまうんだ。ここに当たった水は少し澱《よど》んで、勢いを削ぐ。濁流の勢いがなくなるからこの牛の周りには運ばれてきた土砂が沈殿していく。それが溜まって、堤防を強化していく、という役割をする。

この聖牛は、たくさん置いてあったんだけど、一人ひとりがその持ち場で踏ん張って濁流を受け止め、受け止めるだけでなく、堤防を強化していくという貢献もしたんだ。もちろん、濁流とともに流れてきたゴミなども全部自分にひっかけ、受け止める。

一人ひとりが、他を頼らずに、その場でがんばって踏みとどまって、そして、それでこそ皆に貢献する。

これが「独立」した人のイメージだよ。こんな「独立」した人になれたら素晴らしい。

私の家の裏に川がある。かつて東海豪雨のとき、濁流で川辺に立っていた木も、ほとんどが根こそぎ流された。その中に私も以前から気に入っていた形のいい大きな木があった。ああ、あれも流されてしまうのか……と心配した。豪雨のときには、いろんなゴミをひっかけ大きな漂流物にぶつかられても、何とか流れずに、がんばって耐えて、「独立」していた。そして、水が引いて生き残った。形は幹も枝もひん曲がって、ひどく変わってしまったがあの勇姿は忘れない。次の春には立派に葉もついた。今もその木を見るたびに励まされている。私の「独立」のイメージは、あの木だ。

注意

気づかないことは悪である

ここで言う「注意」は「叱る」というような意味合いのものではなく、本来のそのことに「意識を注ぐ」という意味である。

ゆえに、「対象を認めなさい。気づきなさい」ということでもある。

この「注意」が「配慮」の元でもある。ぼんやりとしていて「気がつかない」人間は「配慮ができない」人間である。気がつかなければ、心も配れない。しかし、本来子どもは自分のこと以外はあまり見ないものだ。放っておいて、自然に「気づく」子は育たない。

「注意できる」「気づく」子を育てるために、教室ではこんなやりとりをする。

話　「無責任とぼんくら」

たとえば、教室内に清掃時のミニ箒《ほうき》が片づけられずにそのまま放置してあったとする。

そのとき、私は子どもたちとこんなやりとりをする。


「よくないなぁ……」

「何が？」

「気づかないのかなぁ……」

「え？」「え？」

中には少し何を言っているかわかる子も出てくる。

「気がつかないのかなぁ……よくないなぁ」

(わかった、わかった) という顔の子も増えてくる。

「何のことだと思う？」

「ミニ箒が出しっぱなし。片づけてない」

「あ、ほんとだ」という顔の子。

「な、よくないだろ。

じゃ、聞くよ。ミニ箒が片づけてないって気づいていた人？」

何人か手が挙がる。

「気づいていたのに片づけなかったのか？　それを『無責任』というんだ。

じゃ、気がついてなかった人？」

はーい、はーいと手が挙がる。

「気がついてなかったの？」

「はい！」

その言動からは「気がつかなかったんだから、仕方がない。＝無責任というわけじゃない」という「正当性」をかぶっているのがよくわかる。

そこで言う。

「こんな小さな空間の中で、この前にあるミニ箒に気がつかなかった？　そりゃ、相当な『ぼんくら』だ」と、「気づかなかった」という「正当性」を崩す。

「気づいたのにやらないのを『無責任』、気づかないのを『ぼんくら』というのだ」

「さぁ、『無責任』か『ぼんくら』か、どっちだった？」

道ばたで倒れている人に気づかない、友だちの体調が不調なのに気づかない、話し声で周りが迷惑しているのに気づかない、教室が汚れているのに気づかない……。

「注意」とは、そのことに「意」を注いで、気づくこと。

身のまわりに「注意」ができる子になろう。

「気づかない」＝「仕方ない」というわけではない。気づかないことは悪なんだと教えることが大切である。

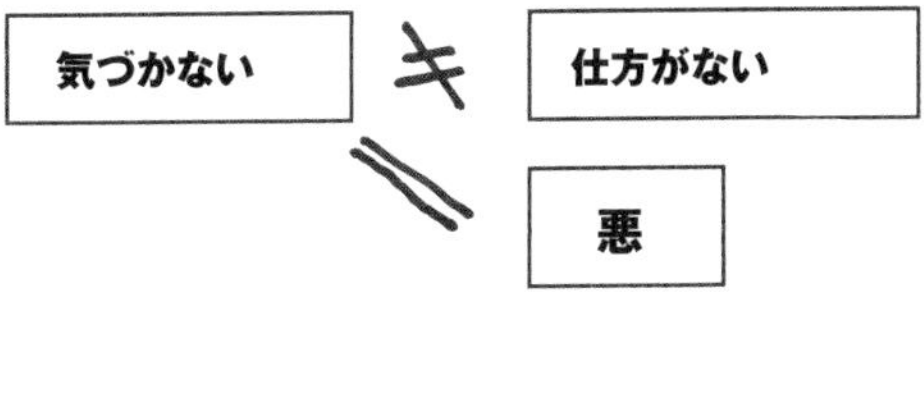

第3章

ものごとにいかに取り組むか

初動

まずは気合いが大事

何事も始めるに当たっては、気合い・心意気が必要だ。

しかし、なかなか尻が上がらない子も多い。特に現代のように休日や連休が多くなって、リズムがすっかり休日モードになってしまい、その間、テレビやゲームなど「受動的」に過ごしてしまうことにより、ますますやる気が起きない子が増えたようだ。

何度も何度も「再スタート」を切らなければならないのが、現代の子どもたちだ。だから、その何度もある「初め」にいかに気合いを入れ直させるかが（厄介だが）、重要なこととなっている。

夏休みなどの長期休みやゴールデンウィーク明けなどは、特に初動教育が大切だ。

ここは「先取り思考」でいくのがよい。

紙芝居・携帯フレーズ　「あーぁ」と「よーし！」

あーあ…〜よーし！

長い休み明けなどは、どうしても多くの子どもたちが怠惰な気持ちをひきずりやすい（それは子どもに限らないが）。

そこで、「先取り」である。放っておけば、マイナス思考に傾きやすいのも人間の脳の特徴だという。

黒板に大きく書く。

「あーぁ……」

「よーし！」

「さぁ、君たちは今朝、どっちで登校してきたかな？」

「『あーぁ……』楽しい夏休みも終わっちゃったな。毎朝寝坊もできたし、テレビも自由に見られたのに……あーぁ、また勉強か……」

「『よーし！』今日から二学期だ！　夏休み、しっかり遊んだし、今日からがんばるぞ！　よーし‼」

「さぁ、どっちかな？『よーし！』できた人、素晴らしいぞ。徒競走で言えば、素晴らしいスタートが切れたね。おめでとう。その調子でがんばっていこう！」

「『あーぁ……』で来てしまった子、よーい、ドン！　で出発できなかった。こけちゃった？　残念！　……でもね、明日からでも遅くない。明日は『よーし！』で来るんだよ。二学期はやりがいのある行事や学習がいっぱいだ。がんばっていこう！」

これだけで、子どもたちの弛《ゆる》みはかなり改善される。

できれば、前もって「始業式は『よーし！』で来るんだよ！　そう思えるよう、思いっきりやりたいこと夏休み中にやっておくんだよ」とでも言っておけば、さらに多くの子がよいスタートを切りやすくなる。

休み明けの弛みがちな心を制し、初動教育を成功させるには、「先取り思考」が有効である。

また、この指導と合わせて、脳科学で証明されている、「やる気」は「迎え撃つもの」でもあることを教える。「やる気」はやることによって、やっているうちに起こってくるもので、それが出てくるまでじっと待つ、というのはナンセンスであるということだ。

「よーし！」と、始動してしまえば、「やる気」が生まれる、という逆もまた真である。

関心

何かを好きになるにはエネルギーがいる

かつて、若者を評した「三無主義」という言葉があった。無関心・無感動・無責任の三つの「無」を持つ若者たちという意味である。子どもたちの周りにはたくさんの「魅力的なもの」があふれている今、もうこれは過去のものか、と言えば決してそうではない。

中には、「べつに……」「どうでもいい」「関係ない」といった言葉を口癖にして、あえてそうすることが「かっこいいことだ」と勘違いしている子も少なくはない。あれもこれもに感動したり感心したりするほど、自分は幼稚ではない。厄介なことにわざわざ首を突っ込むような「お節介」は「ダサい」、何を見ても「センスがない」……などと斜《はす》に構えるのである。思春期の衒《てら》いとして当然の部分もあるだろうが、こうしたことをすべて容認していると、成長の機会を逃すことにもつながる。本当は何が成長にいいのか、何が悪いのかは、きちんと教える必要がある。

その一つとして、「関心の拡大」＝「好きなこと・ものが増えること」が心の成長なのだと伝えることは大切だ。その逆の「あれキライ、これもキライ」は、センスがよいどころか、幼児でも言える極めて安易な道であり、ゆえに成長の逆の道であることも。

紙芝居「好きなものが増えるのが成長」

「あれいいね」「楽しそう！」「面白そう！」ってある子が言うと、すぐに「くだらない」「何がいいんだ、そんなもの」なんて言う子がいるよね。

批判的な態度の方が、かっこいいと錯覚してる人もいるようだね。

でも、何かを馬鹿にしたり、嫌いになったりするのはすごく簡単なことで、「あれ、いや」「これ、きらい」なんて幼児でもすぐに言えることなんだ。

「イヤーーー!!　イヤーーー!!」って泣いてる小さな子、スーパーとかでよく見るだろ。簡単なんだ。

でも、何かを好きになるのはエネルギーがいるし、面白く感じるには勉強だっている。つまり、好きなことが増えるのが成長なんだよ。

こんなふうに、好き、好きが増えていくといいね。

決して上の絵みたいにはならないようにね。

一年間たったあと、ぜひハートが大きくなっているようにしようね。

健全な批判力は知的な成長に欠かせないものだ。

しかし、子どもの言う「好き、嫌い」はそうしたプラスの価値を持つものばかりとは限らない。

何でもシニカルで、批判的な態度をとることがかっこいいと思い込んでいる子もいるし、あるものを「好き」と自己開示して（馬鹿にされたり冷やかされたりして）、傷つくのを恐れて防衛的になっている子もいる。

どちらも成長とは逆方向である。

こうした事態を放置しておくと、特にマスコミによって批判的な気持ちを増長させられがちな今の子どもたちは、「イヤ、イヤ」「キライ、キライ」という気持ちを増長させていく傾向が強い。そうした子たちに「好きなことが増えることが成長なのだ」という思いを持たせることはとても大事な指導である。

根気

一歩一歩着実に進む

スイッチを入れてチャンネルを選ぶだけで、すぐに見たいテレビ番組が見られる。物がないのに気づいても近くのコンビニに行けばすぐに必要な物が手に入る。ネットを使えば調べたいことがすぐにわかる。

今の子たちはこうしたことが当たり前で育ってきた。だから、何でも「すぐに、すぐに」と思ってしまうのはある面、仕方がないことかもしれない。

学校でも子どもたちの「すぐに、すぐに」は至る所で見られる。

たとえば、バスケットボールを教える。皆、すぐに「試合、試合」と言う。もちろん、「全習法」といって、全体のイメージから先に教えるという方策がないわけではない。しかし、まだろくにルールも知らないうちから、なのである。試合になるはずがない。

「基本の習得」ののち、という当然のプロセスが待てないのだ。

それでいて、「私、バスケは苦手」などと短絡的な発言をすることもある。まだそんなことを論じられる段階ではないのに。「早く、早く」は、「今できないこと＝苦手なこと」という短絡さえ生む。

高学年になると「算数が苦手」と言う子も多い。確かに論理的な思考力が欠けていて苦手、という子もいるが、多くは「根気」不足が生んだ苦手意識だ。

絵と話「算数の階段」

たとえば、算数のときになど「根気」に関するこんな話をする。

今日から五年生の算数の授業を始めるけど、きっと中には「高学年の算数」だから、すごく難しいんだろうなーと思っている人もいるでしょう。

何人かが頷《うなず》く。

でもね、算数っていうのはこういうものだよ。

こんなふうに階段のようになっていて、いくら高学年の教科書だって、いきなり難しくなるなんてことは絶対にない。

だから、毎日、毎時間、一歩ずつ一段ずつきちんと登っていけば、必ず高いところに行けるようになっているんだ。

たとえば、今日の授業、きちんと学習して、きちんと復習してきちんと理解できたら、一段登ったということだね。その調子で明日の学習も一段登って

いけばいい。
でもね、こういう人がいる。まぁ、一所懸命学習しなかったという人は登れるはずがないんだけど、一所懸命やったけどよくわからなかったと。そこまではいい。でも、そのあとが大事なんだ。よくわからなかったから、もう一度復習してみる。先生に聴きに行く、そうしてわかるまで「根気」よく努力する。それなら一段。しかし、中には「よくわからなかったけど、まーいいや」としてしまう人が

いる。これはいけない。

きちんとやらなかった人、わからなかったのに「まーいいや」と放置してしまった人はこの一段が消えるんだ。

さらに次も「まーいいや」となると、また消える……また、また……。

こうなって（登れなくなって）から、この人は言うんだ。「あー、算数は難しい！　算数は苦手だ！」って。おかしいよな。どこがおかしかったか、わかるよね。

「根気」とは、ただ「続ける」のではなく、一時一時をおろそかにしないということなんだね。一時間一時間、しっかり階段を登っていこう。

もちろん、学芸一般に適用できる話である。

視覚化することによって、子どもにもはっきりわかる。

誠実

「言ったこと」はきちんとやる

子供は皆、純真で誠実というわけではない。特に小学校三、四年生にもなれば、嘘つき、手抜き、狡猾《こうかつ》というマイナスの対処法を身につけてしまう子もいる。

たとえば、

その場しのぎの嘘をつく。

約束を平気で破る。言い訳を重ねる。

自分の非を人のせいにする。

子どももある程度の年齢になれば、こうしたことを平然とする子もいるのが現実だ。

「誠実な生き方」を教え、実践させなければならない。

私は、学級の子たちにはこう言ってきた。

「悪いことやうかつな失敗をするのは、子どもだから当然だ。もちろん、叱るけど大したことではない。叱って終わりだ。しかし、嘘と言い訳だけは許さない。それは、きちんと反省をしないという点で、君の成長を最も阻害するからだ」

つまり、誠実な生き方とは、「言行一致」ということだ。自分の行いの非を認めて、そのまま表現せねばならないし、逆に言ったことは行いに表れていなくてはならない。

嘘と言い訳ではないが、「きれいごと」を言い、行動が伴わないということもあるのだ。

たとえば、道徳の授業や学級活動で「いじめ」をテーマとした話し合いをする。誰もが「いじめはいけない」「人の気持ちを考えなくてはいけない」と言う。何がよくて何がよくないかは皆知っている。述べることもできる。

では、そう言わせれば「いじめ」はなくなるのかと言えば、そうでもないことが多い。あれだけ立派なことを言った子が、平気で嫌がらせを重ね続けるということは稀ではない。意識的にか無意識的にか「言」と「行」は別だと考えているのである。

言葉では何とでも言える。

話・絵　「身の丈に合った服を着ろ」

小さな子どもが、大柄な大人の人の服を着て街を歩いていたら、大柄な大人が小さな子の服を着て街を歩いていたら……。自分は平気なのかもしれないけど、とても変な感じがするよね。ちょっと一緒に歩きたくないし、進んで友だちにもなりたくないよね（笑）。

つまり、服が「身の丈」に合っていないからだね。

でもこれは目に見えるからおかしいことがよくわかるけど、

これ「言」と「行」に置き換えても同じなんだよ。

体が「言」。服が「行」。

言ってることとやってることが違っているのは、身の丈に合わない服を着て歩いているようなもので、やっぱり人からはわかるし、信用もされないんだ。

「言ったこと」にぴったりの「服」を着よう。

それが「言行一致」ということで、それができている人を「誠実な人」というんだ。

どうすることがいいか、大切かは言葉で言えるよね。ならば、それに合った行いをしよう。

立派なことが言えるなら立派なことをしよう。

行いがよくなかったのなら、それを認め「よくなかった」と言おう。

それが「誠実」ということだよ。

丁寧

「心を込めて」「念入りに」

学力向上のために不可欠なのが「やる気」と「根気」と「丁寧さ」だ。このどれが欠けても向上はない。「やる気」はあるのに、学力が向上しない子は、必ずあとの二つのどちらか、あるいは両方が欠けている。

「丁寧さ」とは、「心を込めて」「念入りに」学習や作業を行うことだ。

学習に対しても「ただやればいい」「終わればいい」という感じの子も多いし、時間はかけているが「漫然」、つまり「心を込めずに」やるだけの子もいる。

しかし、いずれも「さぼっている」というわけではないので、本人にはそのやり方ではよくないという自覚がない場合も多い。「丁寧さ」ということへの意識化が必要だ。

ここでは言葉を対比させて、その違いを考えさせるという方法を紹介する。

話「……込む」

書く
書き込む
やる
やり込む

黒板に並べて書く。

そして問う。

「どう違うかな？」

次のような意見が出る。
・「書く」は、ただ書くことで、「書き込む」は、細かく書いている感じ。
・「書き込む」は一所懸命に書くということ。
・「書き込む」は最後まで気を抜かない感じ。

「やる」

「やり込む」

も同様に対比させる。すると、違いがだんだん見えてくる。

その違いを、今まで意識したことのない子も「……込む」ということへの意識化ができてくる。

最後の詰めまで心を込めて、念入りに（丁寧に）行うことが「込む」だ。

これを教えた後、たとえば図画工作の絵を描くとき、「描き込むんだよ」と伝えるだけで、ずいぶん作業への丁寧さが違ってくる。


こんな言葉も教える。

「百里の道を往く者は九十九里をもって半《なか》ばとす」

百里の半分は五十里であるが、最後の一里でも気を抜くと、成就しない。あと一里まで来たところを半分だと思うくらいの気持ちで物事に当たれということだ。

実際、水泳や陸上競技などの短距離種目でも、あと「数メートル」を「もうゴールだ」と思ったとたんにタイムを落としてしまうといった例は限りなくある。ゴールの数メートル先を「ゴール」と考え、本当のゴールは「通過点」と捉えた方がいいタイムが出る。それくらい人の心は「最後」に気を抜きやすいのだ。

「……込む」というキーワードで、詰めまで気を抜かない、最後まで心を込めてやる、という「丁寧さ」を伝えることができる。

集中

一心不乱に取り組む

物事の成否の決め手は「集中力」であるということに異論はないだろう。どんな作品も事業も、時間とエネルギーを集中的に、「一心不乱」に投下せずには成らない。

しかし、今は集中力に欠ける子がとても多い。大きな原因の一つは、身のまわりに「楽しいこと」がいっぱいあることである。いつも気が散りやすい状況には事欠かない。そして、その多くは受け身的な娯楽であることがもっと大きな問題と言える。

ゲームに時間を大量投下する子は、昔の比ではないくらい多い。人数も、投下時間も。

ゲームをやっている子は「集中」しているように見える。しかし、ゲームは向こうから勝手に押し寄せてくる事態に「反応」しているだけだ。押し寄せる「あれやこれ」に忙《せわ》しく反応しているのが子どもの実態だ。刺激的なことの連続だ。飽きるはずがない。

しかし、価値あることを創造するのは「能動的」な集中力だ。ほぼ相反するものと言える。一瞬一瞬は、決して刺激的ではない。しかし、その地道なことにも「一心不乱」に取り組んでこそ、事は成る。

この刺激のなさに耐えられない子が増えている。

そういう子は、どうしてもすぐに「心ここにあらず」の状態になる。

たとえば、漢字の練習や絵画制作という「単調さ」に耐えられず、「先生、今日の体育、やるの？」とか「今日の給食なんだろう？」となる。

この性向は、なかなか改善しにくい。一度「集中」の大切さを説けば事足りるというものではない。ゆえに私は「携帯フレーズ」を作って、折に触れてそのフレーズを持ち出すことによって、「集中」への意識化を図ってきた。

携帯フレーズ　「いちじにいちじ」

フレーズを提示する。

「いちじにいちじ？　何？　それ？」

「みんなにとても大切なことだよ。ヒントを出そう。漢字で書くと意味がわかる」

いちじにいちじ

「□に漢字をひとつずつ入れてごらん」

「一時に一字」などの珍回答も出るが、答えは、

「一時に一事」である。

一□に一□

「いっときに一つのことだけをやる」ということだ。

時々、漢字練習をしながら「先生、今日の理科は実験？」なんて聞いて

くる子もいるものだが、それは「一時に二事」で気が散っているんだね。

一時に一事

今やっていること、そのことに「いちじにいちじ」で集中しよう。
過去の偉業は、すべて「一時に一事」の積み重ねでなされたものだ。

子どもが物事にあたるとき、心の中で「一時に一事」と唱えるようになればしめたものである。

節目

自分で「節」を作る

新年度、新学期、新年、終業式、修了式、大晦日……一年の間には社会的に決まったいろいろな節目がある。

しかし、大切なのは各個人がこれらの節目をどう意識して過ごすかということである。

たとえば、「一学期の終わり」というのは、どの子にも来る。だが、これを「節目＝一つの大きな区切り」と捉《とら》えて、その「終わり」を迎える子と、漫然と迎えてしまう子がいる。終わりに向けて、意識やエネルギーを集中的に投下して締めくくり、次に来る始まりにもまた強い気持ちを持って臨む……そういうことを繰り返しながら生きていく子とそうしない子では、年数を経るうちにその成長の差も大きくなるのは必然である。

ただ、節目が大事だということは自然発生的に生まれる感情ではない。教えていくべきことなのだ。教えられなければ「食べて飲んで寝て出して」いれば、終わりや始まりは誰にも一様に来る。しかし、それでは成長の機会とならないということなのだ。

・「節目」あってこその「やる気」
・「節目」あってこその「成長」
・「節目」あってこその「再起」

そのように自覚させ、節目、節目を大切にさせることが大切だ。

話と絵　「竹の節」

地震が来たら竹藪に逃げろ、という言葉もあるくらい、竹はほかの木に比べてとても強いんだ。

じゃ、なぜそんなに強いのかと言うと、一つは、地中に深く広くしっかり根を張っているから滅多なことで倒れないということなんだけど、もう一つは何だと思う？

それは､竹には硬くて強い「節」があるからなんだね。触ったこともあるでしょう。鋸《のこぎり》でだってなかなか切れやしないくらい硬いね。

もし、竹に節がなくて一本の空洞の円柱形に過ぎなかったら、はるかに弱い。

じつは、「節」は、人間にとってもとても大切だ。目に見える節ではないけど、確かに「節」はある。たとえば、この「一学期」と「二学期」の間にも「節」がある。

「何年生」「何学期」なんていう制度も､「節」を作るための工夫といってもいいね。たとえば、六年間、「学年」も「学期」も区切りがなくて「入学」と「卒業」しかなかったら……どんなに充実しない、弱々しい六年間になってしまうかは想像できるね。それは「節」が作れないからだと言ってもいい。

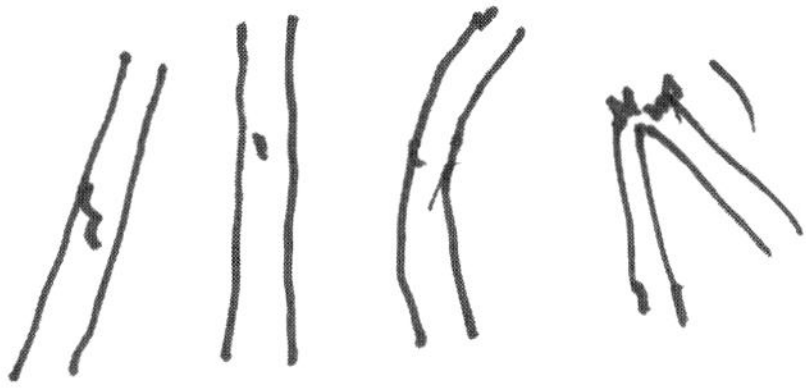

だから、もうじき来るこの一学期の終わりにもしっかりと「節」を作ろう。

「節」は、「一学期をいろんな面できちんと締めくくるんだ」という意識と、二学期になってからの新たな強い決意によって、強くできるんだ。

一人ひとり、ここできちんと「節」を作らなくてはいけないよ。

自分で「節を作る」という意識を持たせることが大切なのだ。

忍耐

安易に口にしてはいけない言葉

現代日本で「勇気」とともに、教えられることが激減したのが、この「忍耐」だろう。

部活動などを除き、教室で教師が「忍耐」を口にする場面は僅かなのが現状だ。家庭でも同様な状況だろう。中には皆無というところもあるかもしれない。

しかし、何事も「忍耐」なくして成就《じょうじゅ》しないというのは、この世の道理だ。

もちろん、意味のない「忍耐」だけが突出した活動を強いるなどはナンセンスだが。

私が見てきたかぎり、今の子たちが「忍耐」強くなくなったのは、特に「痛み」と「疲れ」に対してだ。

休み時間などに遊んでいて、ちょっとぶつけただけで大騒ぎして、すぐに保健室に飛んでいく子は激増したし、少し作業をすればすぐに音《ね》を上げる子も増えた。

そして、大人もこういう子の言うなりに対応してしまっている。

まさに、おんぶにだっこの過保護である。

こうして育てられてきた子に「忍耐」を教えるのは至難なことである。

心に直接訴えかける、というのも限度がある。手を打つなら、まずは、子どもが発する言葉に対してである。「疲れた」「もうダメ」「最悪」などの言葉を極力使わせないようにすることだ。安易に口に出していると、悪循環でそうした思いも強まってしまうから。

話「泣き言・愚痴は人より後に言う子になれ」

私は、バスケットボール部を指導していたときには、よくこう言ってきた。

「疲れた」「暑い」「もうだめ」などの言葉を人より後に言える子になれ。

最初に言う子になるな。できれば「最後を目指せ」ということである。

これだけで、かなり言動が変わる。意識が変われば、むやみに泣き言を言うことは減る。

また、教室でも「我慢強い」の逆の「我慢弱い」という言葉を作り、作業などで安易に嘆いたり、やることを放擲《ほうてき》したりする子に「我慢弱いなぁ。簡単に泣き言を言うなよ。がんばって我慢して、成長しなきゃ」と投げかけてきた。

感情は言葉に引きずられるということも多い。まずは安易に泣き言や愚痴を言うという面を制することが、忍耐強くするために有効である。

「そう思うからそう言う」という癖をつけてしまっては、「疲れた」「めんどうだ」などのマイナスな感情が湧くたびに、マイナスな言葉を吐く子になる。その言葉で、より自分の行動を鈍らせてしまう。行動が鈍れば、成長への歩みも鈍る。

忍耐力を育むには、まず言葉にアプローチするのがよい。

継続

成功するために必要な続ける力

どんなことでも、ただ続ければいいというわけではないが、「続けて何かに取り組む」ということなしに成就《じょうじゅ》する大願《たいがん》はない、ということは紛れもない真実だ。

その点、今の子どもたちは継続力が極めて乏《とぼ》しい。

何をやらせてもすぐに「疲れた」「休みたい」という。

象徴的なのが「長く歩くこと」である。

小学校には「歩く遠足」というのがある。バスなどを使わずに歩行を主とした遠足だ。三十二年間その引率をしてきたが、年々長い距離が歩けない子が増えている。歩いたとしても文句や泣き言、不調を訴える子が昔よりはるかに多くなってきている。

社会全体の「無理しなくていい」「気楽がいい」「ほどほどがいい」という風潮と自家用車の大幅普及の反映かと思う。脚力の低下とともに継続してがんばる心も萎《な》えてきているようだ。

好きで選んだ部活動などでも、心身を鍛えていく前に、すぐに「休憩したーい」である。

少しでも疲れたら「休むのがいい」という回路ができてしまっているのである。

これを壊していかなければならない。継続の良さを説くとともに、「継続の実践」をさせるしかない。

紙芝居　「成長曲線」

何かがうまくなりたい、何かを成功させたいなら「続けて頑張る力」＝「継続力」が絶対に必要です。

そもそも、何かが上達したりレベルが上がったりするのは、こんな正比例グラフのようにはいきません。

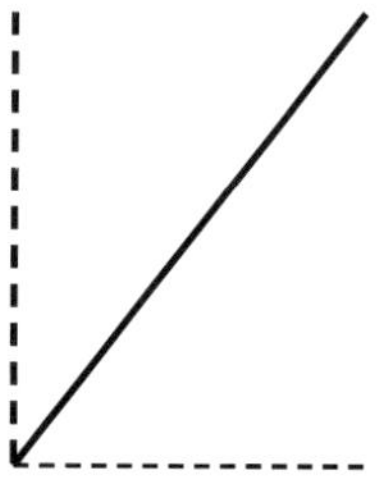

こんなまっすぐな右肩上がりは、ありえなくて、どんなふうかというと、実は

こんな曲線になるのが普通です。これを「成長曲線」と呼びます。

「成長曲線」

最初はなかなか上達しない。しばらく努力を続けても際《きわ》だった効果は表れてはこない。ここで、「正比例グラフ」が「普通」で、すぐに上達しないのは「おかしい」という考えをもってしまうとあきらめて、やめてしまいがちです。しかし、すぐに上達しなくても、それで普通なんです。

それでもあきらめないで、根気よくコツコツコツコツ努力を重ねていると、あるときフッと上達する瞬間が来る。その後はグーーッと上がっていく。

これ、飛行機の離陸に似てますね。飛行機もいくら速く走ってもふっと飛び立つ瞬間まではずっと滑走路上です。しかし、そこで加速を止めてしまったら永久に飛び立てず、滑走路内を走ってるだけになってしまいますね。

やめたらおしまいなのです。継続した努力。これ以外に上達のコツはありません。

もちろん、飛び立った後もまた「プラトー」という、平衡状態になってしまうことも「普通」です。でも、また次の高みにいくには、コツコツコツコツ努力するしかないのです。

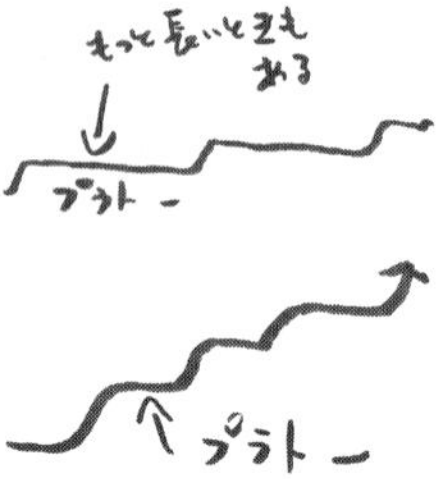

紙芝居　下りエスカレーター逆上り

それと、もう一つとても大切なことは、今「加速」と言いましたが、のんべんだらりとした努力をいくら重ねても飛び立てません。たとえば、いたずらで、下りエスカレーターを逆に上ったことのある人がいるかもしれません。上ったことのないよい子も（笑）、想像がつくと思いますが、これを上り切るには、加速が必要で、ゆっくり走ったら絶対に成功（？）しません。まして途中で休憩してし

まったら、その場に留まるどころか、あっという間に下の階に逆戻りですね。

上の階に着くまでは、やめたらすべて水の泡だし、加速度がなくても同様なのです。

妙な例でしたが、上達や成功もこれに似ています。

成長のための、「継続」には、時として〝一《いっ》気《き》呵《か》成《せい》〟も大事なのです。

不屈

最後の最後に立てばよい

「七転び八起き」という言葉がある。昔からよく、若者を励ます言葉として使われてきた。転んでも起き上がればよい。失敗は恐れるな、と。

しかし、どうだろう。ほんとうに転ぶたびに起きられる人がどれくらいいるだろう。

少なくとも私には無理だった。

転んで立ち上がろうとしてはまた転び、今度こそはと思ってもまた転ぶ、というのが普通なのではないだろうか。そうなると、「七転び八起き」という言葉は、「はげまし」ではなく、挫折したものへの重圧としてのしかかってくることになる。「転んで起きられない自分は駄目なヤツだ」と。

しかし、そうではない。「最後に立てばよい」のだ。それが「不屈」ということだ。

話・携帯フレーズ「百転一起」

かつて、卒業を控えた六年生の保護者に、「何か色紙に言葉を書いてほしい」と頼まれた。固辞したのだが、もうクラス全員分、色紙も用意されており、引けなくなった。

色紙など書いたこともないので、何と書こうか卒業までとても悩んだ。「継続は力なり」「健康第一」「七転び八起き」……いずれもいい言葉だとは思う。しかし、今のクラスの子たちにジャストフィットする感じがしない。特にこのクラスには不登校の子もいた。おそらく卒業式までも無理だろうという予想もあった。先の言葉はいずれもその子には向かない。誰もが「卒業式」＝「ハッピーエンド」ではない。しかし、何の肥やしにもならない言葉を贈りたくはない……そうしたとき心に浮かんだのが、自分の青年時代の挫折経験だった。私は三年間「浪人」した。毎日が絶望の

淵にあった。なかなか立ち上がれなかった。

この先、だれもが挫折や苦難を経験するだろう。絶望の淵《ふち》に陥る子もいるだろう。これから先の人生、途中で何回立て続けに転んだって、最後に起きればいいんだ。そんな思いを込めて考え出した言葉が、「百転一起《ひゃくころびいちおき》」である。

それは、このときの不登校の子に向けてのメッセージでもあった。

色紙に書き、卒業式に皆の前で話をしてから渡した。

数年後、このときの卒業生から、手紙が届いた。長く音信不通だった子だ。浪人をしていた。浪人してもなかなか思うように成績も伸びずに、日々悩み、不安に襲われていたという。そんなとき、気分転換にと本棚を整理していたら、この色紙が出てきた。「そうか、何回転んでも、最後に立てばいいんだ」と思い直し、元気が出たという便りだった。

その年、彼は志望大学に合格した。

百転一起。
最後に立てば、「不屈」なのである。

成功
（目標の達成）　あきらめないことが成功の鍵

自分の立てた目標を達成することが「成功」だ。できれば、子どもたちの人生もそうした「成功」の多いものであってほしい。

伝記を読む。そうすると偉人たちが必ず通った道筋が見える。例外はない。

特に「誰にでも挫折がある。例外はない」ということを子どもたちには教えるべきである。それを知っているかどうかで「あきらめない」気持ちが強くなったり弱くなったりする。「知っている」か「知らない」では大違いだ。

知っていれば、「この挫折も皆と同じ道を辿《たど》っているにすぎない」と捉えられるし、知らないと、「不運」「能力のせい」「自分の限界」などと「早とちり」して、あきらめてしまう率がとても高くなる。

そこで、こんな話をする。

紙芝居「目標達成のプロセス」

目標達成までには、みんな共通のプロセスがある。
それは、どんな人の伝記、偉人伝を読んでもそのとおりだということがわかる。

まず、決心すること。
自分が「〇〇ができるようになるんだ！」と強く決心する。これがなければ始まらない。どんな偉大なことを成し遂げた人だって、まずは「よーーし！」と決心したんだよ。

【よーし！】（決心）

次に、当たり前だけど「決心」したことを「やる」ということ。「言うとやるとは天地の差」。「決心」だけじゃ何にもならない。

【やる】

もちろん、一回二回やっただけではできることはない。それを「続ける」ことだ。

【つづける】

さぁ、次は何だと思う？
実は、ここで必ず出てくるものがあるんだ。

【カベ・挫折】

それは、カベ。挫折。

だれもが経験する。絶対に。

しかし、ここでやめたらおしまいだ。どんな大きなカベであってもね。
ここで、偉大なことをした人は特に、こういう気持ちが強かったんだ。

【あきらめない】

それは、「あきらめない」だ。そしてまた続ける。
そうして、「目標達成」「成功」だ！

【成功】（目標達成！）

これはどんな人の伝記を読んでも例外はないはずだ。もちろん、「よーし！」から「あきらめない」までを何度か繰り返した末、という人も多いけどね。

再度言うけど、これは例外なしだ。誰だって、一直線に成功なんて人はいない。必ず、カベに当たり、挫折して、皆、それでもあきらめなかったから、目標を達成できたんだよ。

この話の感化力はかなり強く、今までも多くの子がこの話の後、あきらめかけていたことを再挑戦したり、新たな目標に取り組んだりして様々な目標を達成させてきた。

大人にとっては、当たり前のような面もあるこの話だが、子どもには全体のプロセスを俯瞰《ふかん》する力がないゆえに、図解して提示することによって、効果を発揮するのである。

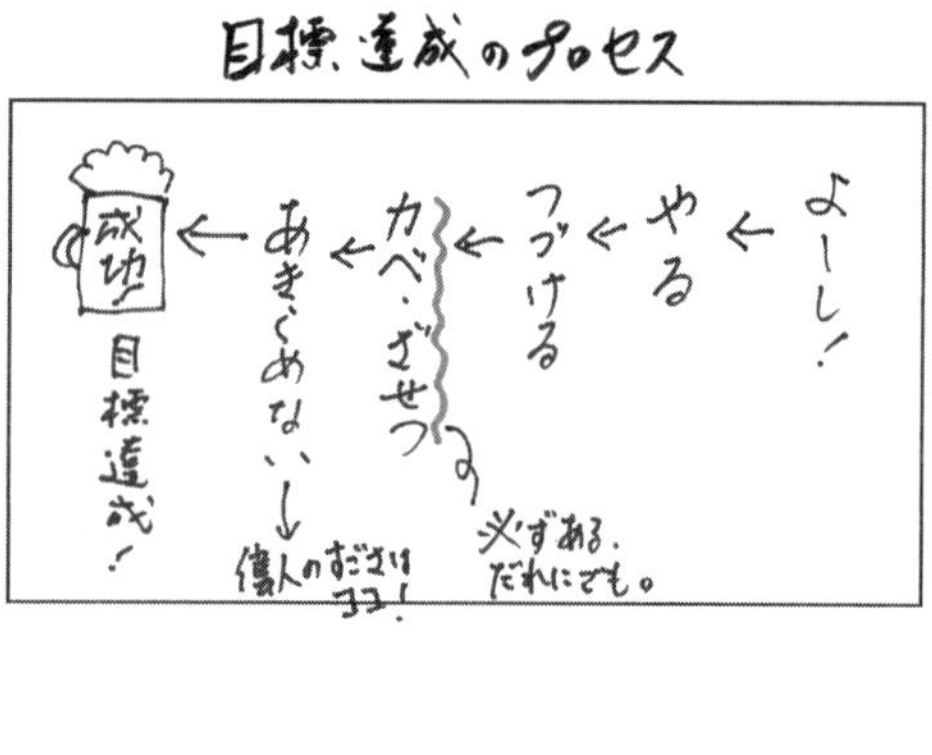

第4章

人間ってなんだろう

個性

「変なところ」も認めてあげる

個性とは「社会的に認められたその人の持ち味」のことだ。

しかし、ここで大切なことは「社会的に認められた」のは、結果としてそうなったということだ。そこを勘違いしている子も多い。だから、自分の本来の持ち味を「変なんじゃないか」と悩み、自分の持ち味ではない、誰にでも甘受してもらえそうな面だけを出すようにする、という子も多いのだ。

学級崩壊というような、よくない雰囲気のクラスは、意外かもしれないが、一見「大人びている」のである。そして、よい集団になればなるほど「子どもっぽく、無邪気な雰囲気」になるのだ。逆のようだが決してそうではない。理由は簡単だ。よくない雰囲気の集団では「自分らしさ」＝「変なところ」が出せないからだ。出せば馬鹿にされる。からかわれる。いじめられる。ゆえに、一般受けするような面だけを我慢して出すようになる。

よい集団では、たとえ自分でも変だと思っている面でも出せる。また、平気で出しているうちに認められるようになる。このようになった集団のことを私は「変さ値《ち》の高い集団」と名付けた。お互いの変なところが十分に出し合える集団ということだ。

だから、子どもの個性を伸長させるには、まずその子の「変なところ」を認めてやるという心構えが大切だ。

内向型の子であれば、いわゆる「オタク」っぽい子も多い。しかし、どんな大科学者も芸術家もオタクといえば皆オタクなのだ。その「変な行動」ぶりは、伝記を繙《ひもと》けばいくらでも出てくる。ファーブルは少年時代、いつも地面に這《は》いつくばっていた。小さな虫をじっくり観察するために。奇行といえば奇行だ。エジソンだって、今の言葉で言えば間違いなく「実験オタク」だろう。

身近にいる者が、孫・子の「変なところ」を受け止め、認めてあげることが重要なのだ。

自他の「変な行動」を受け容れる土台づくりとして、次のような話も有効だ。
皆、自分の性分に合った方向で個性を伸長させればよいのだ。

話・図「内向型と外向型」＊懇談会など、保護者向けの話

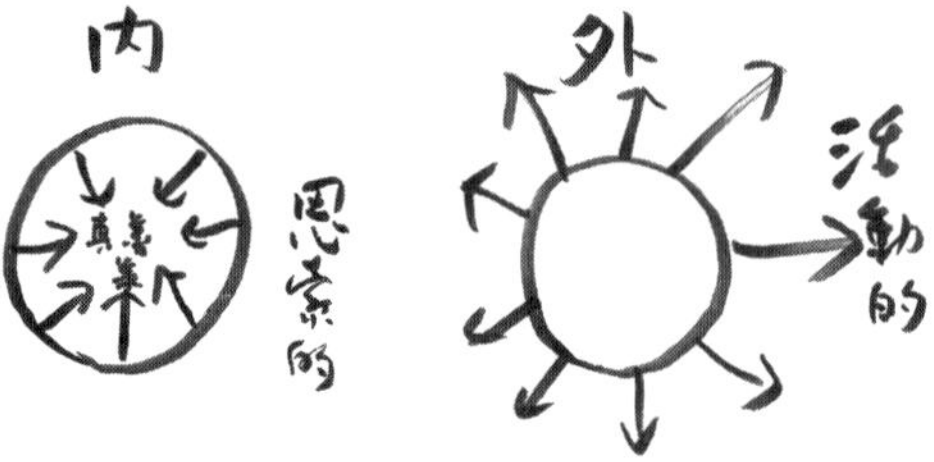

人間には大きく分けて二つのタイプがあります。それは「内向型」タイプと「外向型」タイプです。この違いは、男女の差より年齢の差より大きいと言ってもいいでしょう。

「内向型」とは、このように、自分のエネルギーが内側に向きやすいタイプです。

「外向型」とは、その逆で、自分の外側に向きやすいタイプです。

もちろん、どちらがいいとか悪いとかはありませんが、

その興味関心や行動ぶりはずいぶん違っています。

「内向型」の人は、割と一人でいることが平気で、一人静かに考えたり、読書したり、芸術に取り組んだりすることを好みます。それに対して「外向型」は、活動的で、みんなといっしょにイベントをやったり、何かに挑戦したりすることが好きです。

大きく括《くく》れば、「内向型」は「真善美」を追究し、「外向型」は「業績」を追求するとも言えます。

また、「内向型」は、自分の「段取り」を重視し、その段取りを崩されることが嫌い。簡単に言えば「自分流」が好きです。そして「先行不安」が強いので、行動も慎重です。「外向型」のように簡単に「試行錯誤すればいいさ」とはいかないところがあります。「外向型」は失敗も何のその、という感じですが、その分慎重さに欠けることも多くなります。

このように、どちらも一長一短、裏表、ですね。だから、相手のよいところだけを見て、自分の欠点を嘆くのはナンセンスです（たとえば、「外向型」の行動力を羨《うらや》む「内向型」は、悩みやすい面はありますが、慎重さ、丁寧さ、独創性という長所があります）。

こうした生来の気質に優劣はありませんが、違うのだということはよく理解しておく必要があります。でないと、多くの場合「内向型」から見て「外向型」は「がさつ、無神経」に見え、その逆は「ヘンなヤツ」「勇気なし」と考えてしまいます。

お互いの「個性」を尊重し合うには、こうした「気質」の違いを理解するということが前提です。皆自分と同じようなことに悩み、喜ぶわけではないのです。

性分の違いがあることを知って、他者の個性を尊重できるようになり、自分の「変だと思われそうなところ」も個性として自分で認められるようになる、ということが「個性」を伸ばす上でとても重要なのである。

＊この話をかみくだいて六年生にしたこともある。特に「内向型」の子が「安心した」と言っていた。小学生でも高学年には通じる話である。

向上心

誰にもよいところと悪いところがある

子どもは本来、誰でも向上心を持ち、成長への欲求を強く持っているものだ。しかし、それをなくしてしまっている子も多いのが現状だ。

それは、多くの場合「自分は何をやってもだめだ」とレッテルを貼ってしまっているからだ。人生始まったばかりだというのに、自分に対する否定的な思いを強固に持ってしまっている子も珍しくない。そして、あの子は「よい子」、自分は「悪い子」と決めつけてしまっていることも多い。

こういう思考に陥ってしまうと「向上心」にはつながりにくくなる。

そうした子たちには、まず、「誰にもよい面と悪い面」があるけど、「よい子と悪い子がいるわけではない」という理屈を教えることが大切だ。要は、自分のどの面が出ているかにすぎないのだと。「それならば、自分にもできる」と思わせることが大切だ。勘違いしてすねたり、努力を放棄してしまったりする子は多い。

それではいけないのだ、勿体ないのだということを伝え、どの子も本来持っている向上への欲求を素直に発現させてやるべきである。

話と多面体模型　「人間は多面体」

四月、新しい学級を担任したときに言う。

「多面体」などを見せて、

「これは何か分かる？」

「立体」「多面体」

「ちがいます」

「え？」

「これは『あなた』です」

「えーーー⁇」

「実は、人間はだれだってこうした『多面体』でできているんです」

「？」

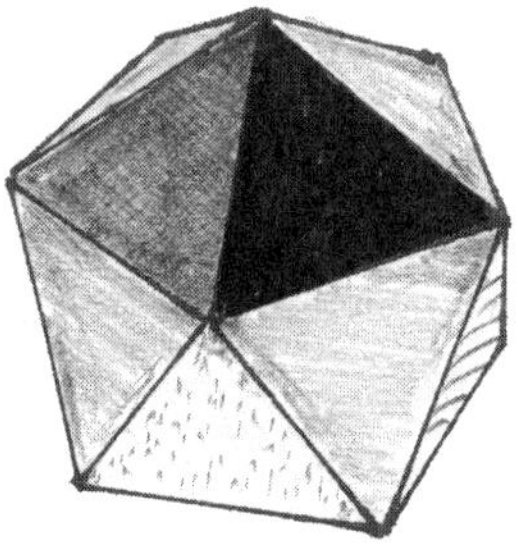

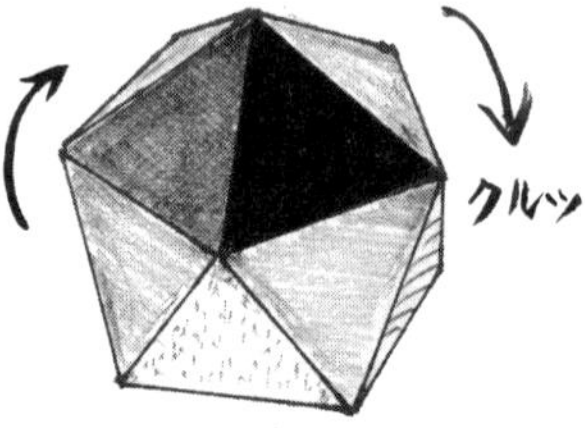

「つまり、いろんな面を持っているということ。簡単に言えば、『よい面』も『悪い面』も、みんな持っているということです。

加えて言えば、これは『よい多面体』、これは『悪い多面体』なんてことはないってことです」

だから、たとえば、昨年度まで「オレは叱られてばっかりだったなー」とか「私は駄目だなぁ」なんて思っていた人がいたとしたら、大間違いだってこと。それはただ、自分の「よい面」が出ていなかったというだけ。そういう人でも、くるっとひっくり返せば、「よい面」がぱっと出てくる。

あの子はいいなー、なんていうのも思う必要がない。その子は「よい面」がうまく出ているだけだ。

今までうまくいかなかったからといって、「自分はダメ」なんて思うのは絶対におかしい。もちろん、「よーし、今年こそは!!」と決意しないと、その「悪い面」が出たままだけどね。強く決意すれば､面はくるっと変わる。だって誰だって「よい面」を持っているんだから。新しく作るわけじゃない。

もちろん、どの面が自分の「よい面」なのかわからないって言う子もいるだろう。それは先生が指摘してあげる。

だから、まず今日は「よーし！　今年は自分のいい面を出していくぞ」と決意してくれさえすればいい。そして、これからその「よい面」を磨いていこう。

これと先述した「Ｙの字の法則」などを複合させて話すのも効果的である。

「向上心」とは、自分の「よい面」を出そうと決意し、「よい面」を自覚し、それを磨いていこうとする心のことであると言える。

明朗

本来人間は明るく輝いているもの

クラスには「明るい子」もいれば「暗い感じの子」もいる。それはどこの職場でも、どんな集団でもそうだろう。

概して外交的な人は明るい雰囲気を持ち、内向的な人はやや控えめ、暗いと言えば暗い雰囲気を持つ人が多く、性分の違いと言えば言えることかもしれない。

しかし、対他人への配慮という点からは、できる限り明朗な雰囲気を心がけることはマナーだと言える。やはり同じ集団に暗い顔をしている人がいると周りの人は気を遣うし、気が滅入る。

また、こんな例もある。あるオリンピック水泳選手は、期待されたものの、なかなか記録を伸ばせずにいた。そして、新しくついたコーチがその選手の問題点としてまず気がついたのが、よく「ぶすっ」としていることだった。元来の気質と記録が伸びないこととが相俟《あいま》って、悪循環を起こしていると見たのだ。そこで、努めて明朗な態度を取るように指導していった。今まで練習中に見せたことのないような笑顔が生まれ、その効果として「もう一歩踏み込んだ領域」まで練習が進むようになった。そして、長いトンネルを抜け、大いに記録が伸びてきた。自分の能力発揮という点からも明朗性は大切なのだ。

だから、「これは私の気質なんだからしかたがないさ」「オレの気分が悪いんだから仕方ないだろう」という理屈を易々と容認してしまってはいけないのだ。「明朗」であることの大切さを子どもにも伝えるべきだ。「むすっ」としていることはよくないことなのだとはっきり伝えるべきだ。

仏教には「顔施《がんせ》」という言葉もある。笑顔に代表される「よい表情」でいることは、周りの人たちにいい気分を施すことにもなるのだということだ。

人のために、集団のために、そして自分自身のためにできるだけ「明朗」にいられるということは心が成長した証でもあるのだ。

紙芝居　「マイナス感情を払いのけよう」

　人の生命エネルギーは強い。本来、この太陽のようにギラギラと輝いて明るいものだ。しかし、暗くなってしまうのはなぜだろう？

　それは、「マイナスの感情」という黒いガスが太陽を覆い隠してしまうからなんだ。

　マイナスの感情とは「ねたみ」とか「怒り」とか「不満」とか「後悔」とか、前向きでない感情のことだ。これらの感情をできる限り排除していく。そうすると本来の「太陽の輝き」が出てくるんだ。

　もちろん、悩みやすい人、平気な人、人間にはいろんな性分がある。だから、そう簡単にはいかない人もいるだろう。

でも、自分が暗くしていることは周りに嫌な気持ちを与えているということを知っていなくてはいけない。積極的に何もしていなくても、ふてくされた顔は周りに迷惑をかけていると言っていい。それを、オレは気分が悪いんだ。だから、そのまま受け止めてくれ、というのは周りに甘えてもいる。成長した人のやることではない。

また、暗い顔は自分自身にも向けていることになる。ぶすっとしていると自分の能力が十分に発揮されないというのは、多くの人が経験から導き出した結論でもある。

明朗な人というのは、マイナスのエネルギーをあまり使わない人のことだ。もちろん、思春期はそうもいかないことも多いだろう。しかし、そこは早く抜け出すべきところだということは知っておこう。そして、努めて自分にかかる黒いガスを追い払って、「明朗」であろう。自分のためにも周りの人たちのためにも。

子どもたちは、たとえどんな性分であっても本来明るい部分を持っている。明るさを出すことは、自分のためにも周りのためにもなるのだから、負の部分を取り払って、積極的にその明るい部分を出そうということを教えるためにイメージ化した指導である。

命の尊重

人間は一人で生まれてきたのではない

「命」の教育の重要性が叫ばれて何年か経つ。しかし、自殺や殺人は減っていない。残虐な事件も頻発している。

「ゲームのように、人が死んでも生き返ると思っている子」にはさすがに会ったことはないが、命を軽く考えている子は確かにいる。

ただ、そうした子は「命」だけを軽く考えているわけではなく、「戦争」も「平和」も「環境破壊」もすべて軽く考えている。バーチャルな世界に慣れてしまった結果、と言えるかもしれない。そうした子の想像力は乏《とぼ》しい。先に挙げたことも「実感レベル」で想像することができないのだ。

「命」に関して言えば、その人の親や先祖からの「かけがえのない流れ」を想像することができないのだ。

個は個として存在するのではなく、悠久の流れの中に存在する……そうしたイメージが湧けば、自分、他人が今ここに存在することがいかに奇跡的なことかがわかる。

その細い流れの末端として今ここにある「命」の大切さを実感することもできるであろう。

話と先祖からの流れの図「命のつながり」

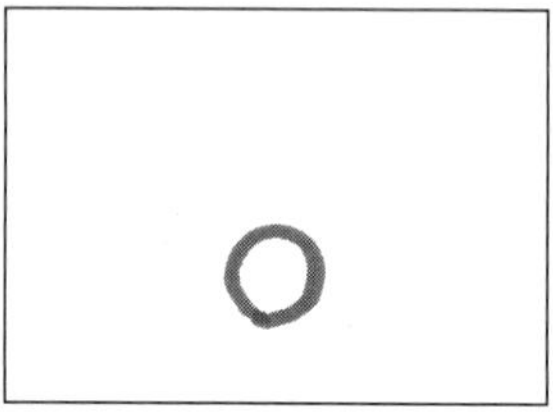

○を描く。

「これが君」

「君は誰から生まれてきた？」

「両親」

両親の○を描く。

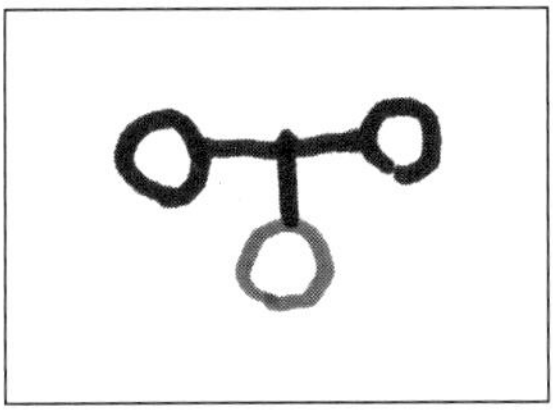

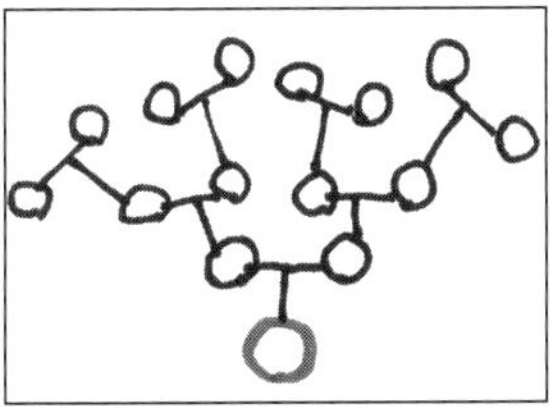

「じゃ、両親は？」

「祖父母」

両親の祖父母の○も描く。

「祖父母は突然この世に登場したのか？」

（笑）

「曾祖父母だよね」

「曾祖父母には親いない？」

（笑）

……とつなげていく（時間がなければあらかじめ用意しておくが、描いていった方が実感が湧く。なぜなら、ひとつの○にだってひとつの人生があったのだから）。

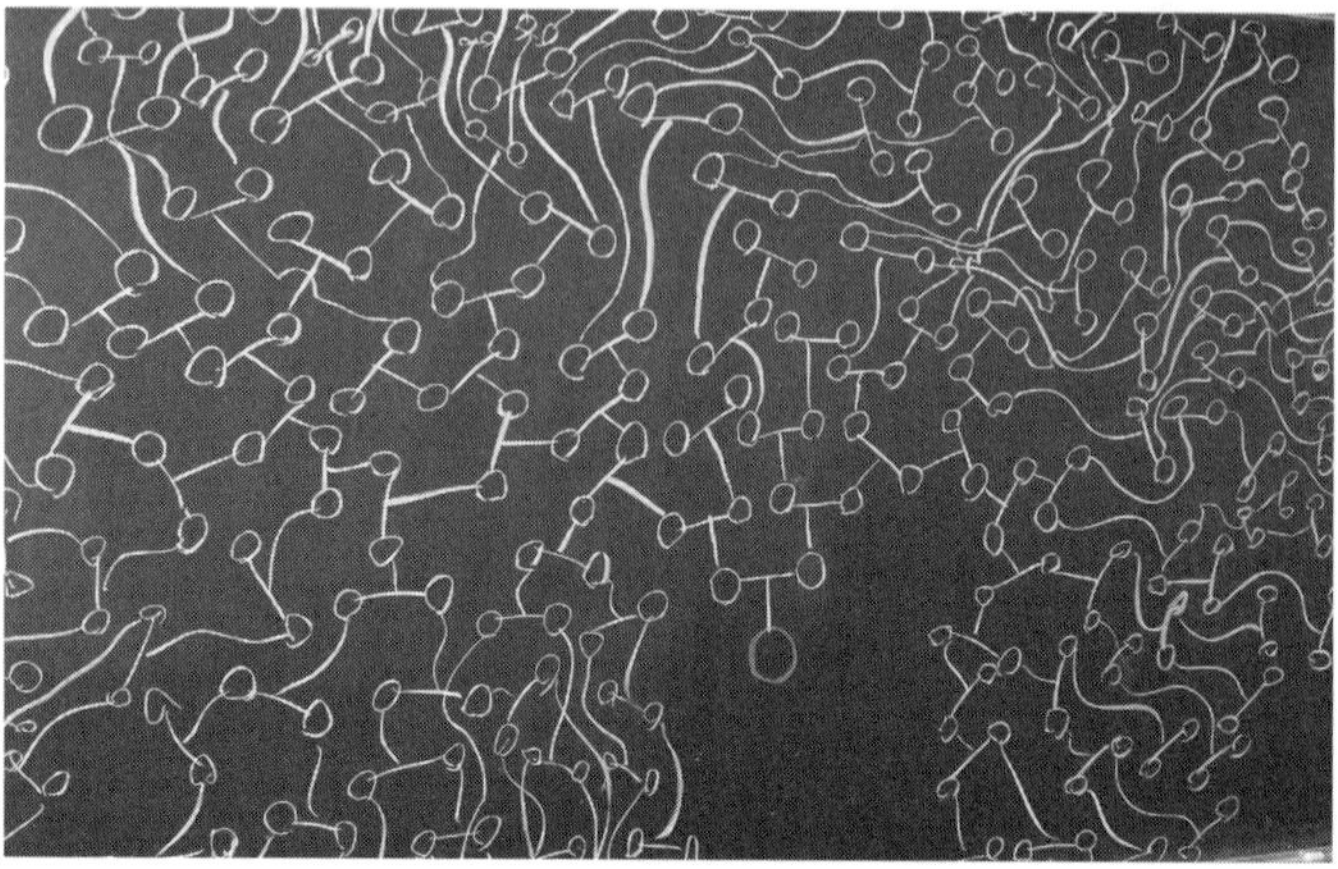

黒板一杯になると歓声が沸く。

「すごい数のご先祖様だよなぁ。でも、これで終わりなわけないよね。本当はもっといる」

「すごいのは、たとえば、この中のたったひとつの○＝『一人の先祖』がいなかったら、今ここに君はいないということ。そうだろ？　こりゃ、奇跡のような確率だね」

子どもたちは感嘆する。

「また、これを見れば、自分が流れの中にいて、ここで簡単にこの流れを切断してしまってはいけないことがわかるはずだ。こーーの人たち全部が作り上げてきた流れを切ってしまうんだからね」

「もちろん、隣にいる友だちにだって、後ろの友だちにだってみんなこのようなご先祖様がいた。このクラス全員の上にこれだけの人がいるんだ」

騒然とする。

「だから、自分の命も、他人の命も、そういう奇跡の上に成り立っているのだから、ものすごく尊重し合わなければ、ご先祖様に申し訳なさ過ぎるよね」

自分または人の命が失われることによって、連綿と続いてきた命の流れを断ち切ることになる。そして、以後、生まれてきたであろう命が絶ち切られる。

それを圧倒的な数の人のつながりの図で、イメージ化し、子どもの心に残すことによって、自他の命を尊重する心を育《はぐく》む指導である。

〈著者略歴〉

平光雄（たいら・みつお）

昭和32年愛知県生まれ。58年青山学院大学文学部教育学科（心理学コース）卒業後、愛知県で小学校教諭となり、学級担任を30年以上務め、問題を抱えた生徒たちを数多く立ち直らせるなど、プロ教師としての手腕が高く評価された。平成10年より話力総合研究所（東京本郷）に通い、永崎一則氏のもとで話力学を学んだ。平成28年逝去。著書に『悩んでいた母親が一瞬で救われた子育ての話』『子どもたちが目を輝かせて聞く偉人の話』（ともに致知出版社）『究極の説得力』（さくら社）『戦争とくらしの事典』（共著／ポプラ社）などがある。

子どもたちが身を乗り出して聞く道徳の話

平成二十六年十月二十五日第一刷発行
令和五年三月十日第十五刷発行

著者　平 光雄
発行者　藤尾秀昭
発行所　致知出版社
〒150-0001東京都渋谷区神宮前四の二十四の九
TEL（〇三）三七九六—二一一一
印刷 ㈱ディグ　製本　難波製本
落丁・乱丁はお取替え致します。（検印廃止）

ISBN978-4-8009-1052-3 C0095

ホームページ　https://www.chichi.co.jp
Eメール　books@chichi.co.jp